O BEBÊ QUE VENCEU A LEUCEMIA

Editora Appris Ltda.
1.ª Edição - Copyright© 2024 da autora
Direitos de Edição Reservados à Editora Appris Ltda.

Nenhuma parte desta obra poderá ser utilizada indevidamente, sem estar de acordo com a Lei nº 9.610/98. Se incorreções forem encontradas, serão de exclusiva responsabilidade de seus organizadores. Foi realizado o Depósito Legal na Fundação Biblioteca Nacional, de acordo com as Leis nos 10.994, de 14/12/2004, e 12.192, de 14/01/2010.

Catalogação na Fonte
Elaborado por: Josefina A. S. Guedes
Bibliotecária CRB 9/870

R696b
2024
	Rodrigues, Valéria
	    O bebê que venceu a leucemia / Valéria Rodrigues. – 1. ed. – Curitiba:
	Appris, 2024.
	    151 p. ; 21 cm. – (Geral).
	
	    Inclui referências.
	    ISBN 978-65-250-5883-2
	
	    1. Memória autobiográfica. 2. Leucemia. 3. Câncer. I. Título. II. Série.
	
	                                                              CDD – 808.06692

Appris
editora

Editora e Livraria Appris Ltda.
Av. Manoel Ribas, 2265 – Mercês
Curitiba/PR – CEP: 80810-002
Tel. (41) 3156 - 4731
www.editoraappris.com.br

Printed in Brazil
Impresso no Brasil

Valéria Rodrigues

O BEBÊ QUE VENCEU A LEUCEMIA

FICHA TÉCNICA

EDITORIAL
Augusto Coelho
Sara C. de Andrade Coelho

COMITÊ EDITORIAL
Ana El Achkar (UNIVERSO/RJ)
Andréa Barbosa Gouveia (UFPR)
Conrado Moreira Mendes (PUC-MG)
Eliete Correia dos Santos (UEPB)
Fabiano Santos (UERJ/IESP)
Francinete Fernandes de Sousa (UEPB)
Francisco Carlos Duarte (PUCPR)
Francisco de Assis (Fiam-Faam, SP, Brasil)
Jacques de Lima Ferreira (UP)
Juliana Reichert Assunção Tonelli (UEL)
Maria Aparecida Barbosa (USP)
Maria Helena Zamora (PUC-Rio)
Maria Margarida de Andrade (Umack)
Marilda Aparecida Behrens (PUCPR)
Marli Caetano
Roque Ismael da Costa Güllich (UFFS)
Toni Reis (UFPR)
Valdomiro de Oliveira (UFPR)
Valério Brusamolin (IFPR)

SUPERVISOR DA PRODUÇÃO
Renata Cristina Lopes Miccelli

PRODUÇÃO EDITORIAL
William Rodrigues

REVISÃO
Stephanie Ferreira Lima

DIAGRAMAÇÃO
Renata Cristina Lopes Miccelli

CAPA
Lívia Weyl

REVISÃO DE PROVA
Isabela Bastos

Dedico este livro para os meus filhos, Henrique e Larissa, que são a força e a presença de Deus em minha vida.

Dedico, ainda, a todos que passaram e que estão passando por essa doença tão terrível que é a leucemia.

A todos desejo FORÇA E FÉ! NUNCA DESANIMEM!

AGRADECIMENTOS

Primeiramente a **DEUS, PAI TODO PODEROSO**. Desejo que quem assim duvide de sua existência não o faça em momento algum após conhecer a história de meu filho Henrique.

Não vou numerar ou elencar os nomes de todos os médicos, enfermeiros, auxiliares, doadores de sangue e plaquetas, faxineiros, telefonistas, cozinheiras, funcionários do hotel, atendentes, recepcionistas, assistentes sociais, psicólogas, fisioterapeutas, assistentes sociais, voluntários, pois a lista seria INFINDÁVEL E EU COM CERTEZA PODERIA ESQUECER ALGUÉM. Mas eu e o Henrique não temos como agradecer o CARINHO, ATENÇÃO, CUIDADOS E, ACIMA DE TUDO, O AMOR QUE NOS FOI DEDICADO por todos. UM GRANDE OBRIGADO AINDA É POUCO. Mas obrigado mesmo.

Nossa família foi crucial para a recuperação do Henrique e sem ela com certeza não estaríamos aqui hoje.

Minha querida mamãe, Esmeralda, e meu querido pai, Joel, os quais são a fonte de minha fé e da força que tenho todos os dias de minha vida. Obrigada.

Meu irmão Valdeloir, que deu seu sangue, literalmente, e que tomava injeções noturnas para produzir mais defesas em seu organismo, sua esposa, Rita, e ao Bruno e Mateus, que o apoiaram e oraram muito. Obrigada!

Minha irmã Vânia, seu marido, Álvaro, e ao Vitor, que, além do sangue e plaquetas, doavam orações ao Senhor Jesus Cristo. Obrigada!

À minha querida sobrinha Marina, que, além das orações, foi a pessoa que buscou ajuda dos advogados amigos para que pudessem manter o meu escritório em funcionamento e com todo o gás. Obrigada!

A todos que nos ajudaram e contribuíram direta ou indiretamente para o resultado no tratamento do meu filho. Obrigada.

E por todos que estavam em oração constante, apoiando-nos e oferecendo consolo, mesmo a distância. Esses são nossos amigos. Obrigada!

A ignorância é nossa amiga.

APRESENTAÇÃO

Se um bebê consegue vencer, você também consegue!

No livro *O bebê que venceu a leucemia*, vocês vão encontrar uma história comovente e inspiradora, que trará a certeza de que lutar não deve ser uma opção, mas sempre um objetivo.

Não desanimar frente às dificuldades e acreditar sempre que a vida deve prevalecer.

Obstáculos sempre existirão, mas nosso foco deve ser mantido na solução e não nos problemas.

Uma história real e vencedora que trará amparo aos que passam por um tratamento, força para os acompanhantes nessa estrada e principalmente ESPERANÇA.

PREFÁCIO

Imagine um casal que espera o seu primeiro filho. A preocupação deles é principalmente financeira. O bebê nasce, um lindo menino perfeito e saudável. Mas o destino tinha outros planos para essa família recém-criada. Inesperadamente, são surpreendidos por um diagnóstico bombástico. A vida os leva para outro rumo. Incerto. Triste. Duvidoso. Os planos caem por água abaixo. Vida e morte. Desespero e esperança. E agora? Esta história real os levará a acreditar no inacreditável. O fim que pode ser o começo. Será que a vitória e a esperança sairão vencedoras?

SUMÁRIO

INTRODUÇÃO 16

UM
A EXPECTATIVA DA CHEGADA DO BEBÊ 17

DOIS
MINHA VIDA E MEU TRABALHO, DEPOIS MEU FILHO 19

TRÊS
A FEBRE 23

QUATRO
O DIAGNÓSTICO 31

CINCO
A CHEGADA A UM HOSPITAL DE CÂNCER INFANTIL 32

SEIS
A CONSULTA COM A MÉDICA 33

SETE
O DIÁRIO DO BEBÊ 35

OITO
O BATIZADO 37

NOVE
COINCIDÊNCIAS EXISTEM? 38

DEZ
O HOSPITAL – CENTRO INFANTIL BOLDRINI 40

ONZE
O TAL "INTRACATH" 41

DOZE
A PRIMEIRA NOITE NO BOLDRINI 43

TREZE
O CHOQUE DA FAMÍLIA 45

QUATORZE
O TRATAMENTO INICIAL 46

QUINZE
NOVAMENTE NA UTI 48

DEZESSEIS
A NOITE DO DIA 16 DE ABRIL DE 2002 49

DEZESSETE
A QUIMIOTERAPIA 51

DEZOITO
O PIOR DIA DE MINHA VIDA 55

DEZENOVE
UMA VIDA PELA OUTRA 57

VINTE
A INFECÇÃO 59

VINTE E UM
O DIA EM QUE O MILAGRE COMEÇOU 63

VINTE E DOIS
O PRIMEIRO DIA DAS MÃES DA MINHA VIDA 66

VINTE E TRÊS
AGIR E PENSAR SEMPRE NO BEBÊ 68

VINTE E QUATRO
PESSOAS CERTAS NAS HORAS INCERTAS 70

VINTE E CINCO
A PRIMEIRA CIRURGIA 72

VINTE E SEIS
NOVA FEBRE – O DENTINHO SAPECA 74

VINTE E SETE
A RECUPERAÇÃO DA CIRURGIA 76

VINTE E OITO
A CIRURGIA PLÁSTICA – NOVO RISCO 78

VINTE E NOVE
O PRIMEIRO CATÉTER: MAIS QUE LOUCURA 81

TRINTA
MILAGRES:ELES EXISTEM SIM 82

TRINTA E UM
A COLETA DO SANGUE E A FEDEX 86

TRINTA E DOIS
NOVA INFECÇÃO 89

TRINTA E TRÊS
DOS ENTRAVES BUROCRÁTICOS E FINANCEIROS 91

TRINTA E QUATRO
E O QUE FAZER? 92

TRINTA E CINCO
COMO É BOM TER AMIGOS 94

TRINTA E SEIS
A TAL QUINTA-FEIRA 99

TRINTA E SETE
UMA ESTRANHA REUNIÃO 101

TRINTA E OITO
O QUE EU ACHAVA DA IDA AO RIO DE JANEIRO?
CHEGADA AO INCA 103

TRINTA E NOVE
A BUSCA E APREENSÃO DO PRONTUÁRIO 107

QUARENTA
O QUE É UM TRANSPLANTE DE MEDULA ÓSSEA? 109

QUARENTA E UM
O PÓS-TRANPLANTE 114

QUARENTA E DOIS
O PRIMEIRO ANIVERSÁRIO DE SUA VIDA 128

QUARENTA E TRÊS
TER FÉ É ESSENCIAL, CONFIAR TAMBÉM 131

QUARENTA E QUATRO
FINALMENTE...OU QUASE? 134

QUARENTA E CINCO
E COMO ESTAMOS ATUALMENTE? 143

INTRODUÇÃO

Sobreviver é um milagre de DEUS.

A história de Henrique é um milagre de Deus. Um bebê de três meses que sobreviveu a um tipo de leucemia muito grave, a qual nem mesmo a médica que o atendeu acreditava que ele sobrevivesse.

Tudo aconteceu com muita rapidez e, graças à sua pediatra, médicos experts de UTI e, acima de tudo, às mãos de Deus, que colocou "anjos" em seu caminho, HENRIQUE ESTÁ VIVO E FELIZ.

Hoje, com 22 anos de idade, já adulto, é inteligente, integro, responsável, humilde, persistente, amoroso, generoso, amigo, enfim, especial e não teve nenhuma sequela grave do tratamento.

Espero que esta história seja uma fonte de força e energia para as pessoas que passaram por um problema parecido ou estão passando por um tratamento tão difícil quanto é o da LEUCEMIA.

Contarei a seguir como conseguimos ser vitoriosos: Henrique, eu, mamãe do Henrique, e todas as pessoas que estavam ao nosso redor para nos dar forças, cada uma a seu modo, mas com um único objetivo: A VIDA.

Esta é uma história real e os alguns nomes foram mantidos. Outros porém necessitavam de autorização escrita e por isso não citei mas agradeço imensamente a todos. Meu objetivo é fortalecer tanto os médicos, enfermeiros, voluntários e pacientes, como também os leitores para que façam a sua parte e apoiem os programas de ajuda ao tratamento de câncer e transplante de medula óssea.

Nossos esforços têm de ser enormes, pois é uma luta que determina a VIDA.

Um

A EXPECTATIVA DA CHEGADA DO BEBÊ

Em dezembro do ano de 2000, eu e meu marido resolvemos, após cinco anos de casamento e nove anos de namoro, ter o nosso primeiro filho.

Naquela época, somente almejávamos ter um bebê, porque a vida era difícil e os cuidados de uma criança com escola, saúde e mesmo o trabalho diário na educação e condução de um filho nos assustavam.

Nós achávamos que um filho, além de dispendioso, veja que isso era a maior preocupação, nos traria a falta de liberdade, muitos compromissos, mas, sendo "apenas um", conseguiríamos dar a ele tudo de bom e nada lhe faltaria.

Engravidei logo que parei de tomar anticoncepcional. Comprei de imediato um caderninho no qual anotei tudo, do pré-natal até os dias mais difíceis, tudo que acontecia, as consultas, os riscos, as visitas etc.

03.05.01: "Querido bebê: hoje eu descobri que você existe dentro da minha barriga. Minha felicidade foi incontrolável. Lágrimas surgiram em minha face havia a felicidade. Rapidamente contei a seu papai. Ele também ficou muito feliz. Estávamos programando tudo para que você viesse para fazer parte de nossas vidas..."

Durante a gestação, tudo correu maravilhosamente e, quando descobri que era um menino, logo resolvemos que chamaria HENRIQUE.

20.08.01: "Papai e mamãe estão viajando de férias. Você lógico que está gostando porque mamãe não passou mal nenhum dia. Achamos seu nome: Henrique Rodrigues Vera. Espero que você quando *crescer goste...Este nome foi de vários Reis. É muito forte e de respeito...*"

Com os exames de ultrassom, quase no 8º mês, fiquei preocupada com o tamanho do bebê e, por isso, procurei a orientação da pediatra que cuidava de meus sobrinhos Marina e Vitor, filhos de minha irmã Vânia, e de Bruno e Mateus, filhos do meu irmão Valdeloir.

Então, minha irmã marcou uma consulta para nós e fui conhecer a Dr.ª Regina Maria Pedroso Léo, a qual me acalmou e disse que tudo era normal para o tempo de gestação.

Disse ela: "Tudo está ótimo com vocês, com certeza, seu filhão será super saudável e lindo como você...".

O parto normal foi um sucesso. Em menos de três horas, meu bebê nasceu lindo e sadio e isso era o mais importante e pedido durante toda a gestação: que fosse um bebê saudável.

Deus é maravilhoso até nisso, nos preparou tudo para que recebêssemos o Henrique com tudo que precisava.

Os meses se passaram e Henrique a cada dia ficava mais esperto e um bebê muito lindo, todos o admiravam por sua alegria. Ele vivia a sorrir. Engordava normalmente, adorava as brincadeiras. Tudo normal, pelo menos até ali.

Mas o destino às vezes nos demonstra que necessitamos mais força do que imaginamos.

Henrique com 5 dias de vida.

Dois

MINHA VIDA E MEU TRABALHO, DEPOIS MEU FILHO

Eu não me considerava uma pessoa egoísta, mas na minha vida o mais importante era que eu tivesse meu trabalho. A família era menos importante, por isso, não lhes dava muita atenção, não: somente a necessária.

Meu marido e minha família eram importantes, mas não tanto quanto o trabalho. Eu achava que se todos estavam em minha vida isso já era o bastante, mas o meu trabalho tinha o lugar especial.

Quando engravidei, minha primeira opção foi o mês. Tinha que ser em abril para que o bebê nascesse em dezembro e não atrapalhasse o trabalho. Tinha que ser nas férias do fim de ano do fórum.

Afinal, logo pensei que poderia "perder" a minha liberdade para trabalhar, então, durante minha gestação, nunca deixei de trabalhar um só dia e trabalhei normalmente 8 horas por dia 5 dias por semana. Sempre me preocupei em ter o fim de semana para descansar é viajar. Mas, por ser uma viciada no trabalho, até aos sábados eu tinha um grupo para estudar teses jurídicas.

Trabalhei até às 13h30min naquele dia ensolarado de 14 de dezembro de 2001. Era o último dia de trabalho no fórum naquele ano. Ao chegar em casa, almocei e estava me sentindo muito pesada. Apesar de ter engordado somente 13 quilos e de aparentar até menos, senti a necessidade de repousar um pouco e dormi.

Ao acordar, levantei e fui me despedir da Eliana, nossa auxiliar de casa e, ao levantar, a bolsa rompeu às 17h30min.

Nesse exato momento, o pai do Henrique estava abrindo o portão e entrando em casa. Tomei um banho e lá fomos nós para o Hospital Maternidade de Campinas. Ao chegar lá, a minha médica vinha saindo, tinha acabado seu horário de trabalho, era uma sexta-feira. O trabalho de parto foi muito rápido e o parto normal quase sem dor. Henrique nasceu às 20h54min.

O nascimento do Henrique não iria atrapalhar minha vida profissional (era o que eu pensava) e tudo foi planejado para que Henrique diariamente fosse comigo ao escritório para o dia de trabalho.

"01.02.02: Todos os dias vamos ao escritório trabalhar e hoje tirei uma foto sua chorando..."

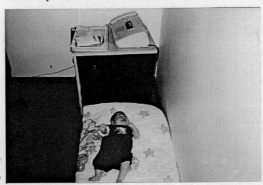

Ao lado da minha mesa, um "macio" para que ele dormisse

Henrique, sempre muito bonzinho, dormia muito bem, mamava de três em três horas, acordava de bom humor. Com apenas 15 dias, já estava trabalhando no fórum e com 20 dias já me acompanhou em uma audiência.

Lembro-me que quando eu entrei na sala de audiência com o meu pequeno bebê e com meu cliente, o juiz olhou com uma feição

O BEBÊ QUE VENCEU A LEUCEMIA

de bravo e desconfiado, pois sabia que nossa audiência iria demorar muito, era um processo difícil, seriam ouvidas mais de oito testemunhas e pensou: "o que deu nessa advogada para trazer um bebê recém-nascido e sem uma babá para ajudar..."

Mas apesar do nervosismo que pairou no ar, ninguém teve coragem de verbalizar nada, pois a audiência seria de aproximadamente três horas. Mas eu tranquilizei, dizendo que a audiência não podia passar de três horas, senão teríamos que fazer uma pausa para que o bebê fizesse sua mamada. E todos riram.

Na verdade, a audiência demorou 2 horas e 55 minutos e, quando estávamos esperando acabar a impressão da ata e assinar, meu Henrique fez um pequeno barulho, resmungando já pelo seu alimento. E todos os presentes riram novamente.

A vida familiar era também muito regrada. Nunca gostei que as pessoas ficassem pegando e agarrando meu pequeno e as visitas a família somente nos domingos à tarde. E eu pensava: "para que mais?"

Assim, vivíamos trabalhando juntos, todos os dias da vida do bebê, chovesse ou fizesse calor demais, não importava. Audiências, atendimento a clientes, tudo isso com um pequeno intervalo para as mamadas.

Nessa época no escritório, eu estava sem nenhuma auxiliar. O ano de 2001 tinha acabado, eu estava na minha sala própria, minha secretária tinha saído, minhas estagiárias concluídas o curso. Então, éramos eu e o Henrique na maior parte do tempo.

Henrique no escritório da mamãe.

A FEBRE

Henrique se desenvolvia muito bem. Os dias eram muito lindos com ele ao meu lado. Seu sorriso cativante a todos contagiava. Teve algumas cólicas, como todo recém-nascido, ainda manifestou um pouco de icterícia (ficou amarelinho), mas nada como um banho de sol para que isso cessasse.

Em 8 de março de 2002, o dia estava muito quente e seco, um pouco diferente do normal apesar de ser verão.

Nesse dia, por volta das 14 horas, meu pequeno bebê apresentou febre. Mas uma febre que qualquer médico com certeza diria: "isso é virose, não se preocupe mamãe de primeira viagem".

Henrique estava gordo, saudável e muito feliz em sua casa com sua família e somente tinha apresentado aquela "febrinha" de 38º, que, quando foi medicado com paracetamol, logo passou e ficou tudo bem.

> "08.03.02: Hoje você teve sua primeira febre; Mamãe medicou o nenê e logo tudo estava bem. Nós trabalhamos bastante hoje e o dia foi muito, muito quente. Você está cada vez mais esperto e atento a tudo. Te amo!"

Entretanto, em seis dias após, completaria três meses de idade e teria sua consulta mensal com sua pediatra.

Aqui, abro um parêntese e explico que algumas decisões do casal nem sempre são consensuais, mas, quando vocês têm o mesmo objetivo de que seu filho seja a prioridade, sempre essas decisões se tornam mais fáceis.

Por imposição de meu marido que odiava a clínica médica "de pobre", tive de adotar duas clínicas médicas, uma perto de minha residência e outra já conhecida pela minha família com a pediatra Dr.ª REGINA PEDROSO LÉO, que cuidava de todos meus sobrinhos e quem eu tinha em alto grau de respeito médico e confiança total. Ela era minha referência quando se tratava de cuidar bem da minha família.

Quando se é casada, temos que apoiar decisões que nem sempre são as que teríamos e por isso acatei a decisão de ter apoio adicional por perto, evitando discussões desnecessárias, afinal, o melhor deveria ser feito pelo pequeno Henrique.

O pai do Henrique sempre nos acompanhava nessa consulta com a pediatra perto de casa, e naquele dia fomos os três, realmente houve a colocação por parte dela que: "mamãe, não se preocupe... pois ele está se desenvolvendo bem... deve ter sido por conta do calor..."

Realmente, parecia que ela podia ter razão, mas, como de costume, fomos nós, eu e Henrique, para a Dr.ª REGINA, que com certeza era a nossa referência.

Lá, com a graça de DEUS, estava a nossa pediatra que disse: "febre não é um sintoma normal, não, vamos buscar a causa. Apesar de ele estar aparentemente bem, vai fazer um exame de urina..."

Tudo tem o seu porquê na vida, e isso jamais saberemos explicar.

O resultado do exame foi uma infecção urinária, em nível altíssimo.

> "23.03.02: Hoje você começou a tomar o 1º antibió-
> tico para curar a infecção de urina. Será por 10 dias
> e depois tudo ficará bem. Te amo mais a cada dia..."

Com esse resultado inesperado, eu já estava muito receosa, pois, segundo o normal, a infecção de urina é mais comum em caso de meninas, mas em meninos havia o risco de ser algo mais grave.

Assim, nossa investigação não pararia em administrar os remédios, mas também em ver a real causa da infecção com exames mais específicos do aparelho urinário do bebê.

Medicado e tratado com antibiótico por dez dias, como de praxe, restou ainda uma dúvida na pediatra que me alertou: "vamos observar se a febre retornar".

"02.04.02: Fomos a pediatra hoje e está tudo ok. Vai realmente fazer exames novos para investigarmos de onde veio sua infecção. Te amo."

E a febre retornou... não era um febrão de 40 graus, não, era uma febrinha que subia devagar e chegava a 38,5, no máximo.

Aí fizemos exame de urina de novo e nada foi acusado; a infecção estava curada, mas por que a febre?

Passei a ficar de olho no nosso pequeno Henrique, que alheio a toda nossa preocupação era só sorrisos.

Na manhã daquela sexta-feira, acordei preocupada.

A pediatra Dr.ª Regina Léo ligou e pediu que eu levasse o Henrique para ser examinado, evitando que passássemos o fim de semana com problemas.

Chegando lá, ele foi examinado e tudo realmente estava normal. Combinamos que, se a febre realmente não retornasse no fim de semana, faríamos os exames mais específicos na próxima semana, afinal, qual era a causa daquela infecção? E da febre?

Me acalmei e pensei: que bom que a febre passou!

"08.04.02: Não houve nenhuma febre neste final de semana. Fomos a missa na igreja que você será batizado. Você gostou de sair e foi bem legal... Você está cada dia mais esperto e eu fico muito feliz com isso. A sua beleza interior e maior que a exterior: você é esperto, alerta e muito atencioso... Contagia a todos com seu sorriso..."

No escritório da mamãe, sou só sorrisos...

Na segunda-feira de manhã, a nossa querida pediatra, logo cedo, ligou para ver como havia sido o fim de semana. Informei a ela que o Henrique estava bem, que tínhamos passado o fim de semana sem novidades.

Naquela época, como não tinha a menor ideia do que podia ser a doença no sistema urinário, achei que poderia ser alguma "coisinha insignificante" e que logo saberíamos o que ocorrera.

A ignorância é nossa amiga.

Naquela noite, tudo estava normal. Henrique foi para seu quarto e dormia tranquilo. Eu estava muito contente, porque a febre não mais tinha aparecido.

Acordei quando o Henrique começou a se agitar. Estava próxima a mamada das três horas da manhã. Notei algo diferente e, ao pegar ele no colo, constatei que a febre voltou.

Era uma terça-feira, dia 9 de abril de 2002, às 02h30min. Febre de 38 graus. Como orientada pela pediatra administrei o paracetamol. Mas, dessa vez, para minha surpresa, não houve a queda da febre em um período de 30 minutos após o medicamento, mas, sim, houve a queda brusca de temperatura. Henrique tinha aproximadamente sete quilos nesse dia.

Meu pequeno bebê ficou gelado... sem reação... Fiquei perplexa, ali sozinha e só pensei em aquecê-lo rapidamente. Apertei-o junto ao meu corpo e coloquei cobertores, tentando ao mesmo tempo amamentá-lo e, em algum tempo, ele foi se recuperando. Segundos ou minutos... não sei quantificar.

Após isso, ele recuperou o sono tranquilo de sempre. Nem parecia ter passado por tudo aquilo. Não dormi o resto da noite e tirava a temperatura dele a cada dez minutos para ver se estava normal.

Após isso, ele retornou à temperatura e dormiu de novo. Mais tarde, fiquei sabendo que o nome dessa queda brusca de temperatura era HIPOTERMIA*.

Aí começou tudo.

Ao amanhecer, entrei em contato direto com Dr.ª Regina, a qual me orientou a procurá-la de imediato no consultório, eu disse a ela: "o Henrique está normal, se alimentou bem, posso levá-lo logo há uma hora da tarde?" E ela concordou.

Trabalhamos normalmente eu e ele, como fazíamos todos os dias, afinal, "não devia ser alguma coisa muito séria", pensava eu.

No horário combinado, me dirigi ao consultório da nossa pediatra. Quando lá cheguei, de pronto, ela já nos atendeu. Ao entrar na sala, ela já notou que o Henrique estava absolutamente pálido. Tirei a roupinha dele e o coloquei na maca para que fosse examinado. Ao apalpar seu abdômen, a pediatra já verificou que algo havia mudado: seu baço e fígado estavam grandes, além do normal. Foi tudo muito rápido.

Nesse instante, a pediatra já chamou outro pediatra, Dr. Tadeu Fernando Fernandes, que, quando entrou na sala, sem nos conhecer, disse: "Não estou gostando da carinha dessa criança!".

Após examiná-lo, logo foi resolvido que seria melhor puncionar a coluna do pequeno bebê, com o objetivo de se extrair o líquido líquor para se fazer diagnóstico de doenças que afetam o sistema nervoso. Esse exame diagnosticaria meningite, primeira suspeita. Eu não tinha a menor ideia do que eles estavam falando, só seguia o que os médicos me diziam, automaticamente, olhando sempre o meu bebê.

Pediram que eu saísse da sala para realizar o exame, por precaução para que eu não desse trabalho e houvesse um desmaio. Entretanto, eu não iria sair do lado do meu filho em nenhum momento. Então, permaneci na sala segurando a sua pequena mãozinha.

Puncionaram as costas do bebê para que fosse retirado o líquido da medula. Obviamente, Henrique sentiu a dor da agulha que o perfurou e chorou. Mas, ao chegar ao meu colo e ser aconchegado, logo se acalmou. Se eu pudesse ler os pensamentos dele, acredito que seriam: "minha mãe está comigo, não devo temer nada". Em seguida, nos encaminharam para o laboratório, que era no mesmo prédio, para colher outros exames.

Tudo foi muito rápido, e por isso estamos aqui para contar esta história.

Quando estava no laboratório, acalmando e acariciando meu pequeno por conta de seu exame dolorido que havia sido retirado, notei que apareciam cada vez mais pontinhos vermelhos em seu corpinho. Muitos e em todo o corpo. Não fazia ideia do que era aquilo.

Hoje, sei que chamam "petéquias" e representam pequenas hemorragias na pele causadas pela redução de plaquetas no sangue. As plaquetas são responsáveis pela coagulação. Quanto menor a contagem de plaquetas, maior a propensão a sangrar. A principal função das plaquetas está relacionada à formação de coágulos, auxiliando na defesa do organismo.

Subi a rampa de acesso aos consultórios correndo e entrei na sala da Dr.ª Regina preocupada. Assim que ela nos viu, disse: "mãe, teremos de internar o Henrique, o mais adequado é irmos direto para a UTI, porque ele é muito pequeno. Vamos para o Hospital Irmãos Penteado já".

Na minha cabeça, sempre pensei em agir rápido e com muita calma. Aguardei a ambulância, liguei para o meu pai e minha irmã para buscarem meu carro no consultório e para o pai do Henrique, informando o que acontecia e para onde nós iríamos.

A verdade que jamais poderia imaginar o que viria pela frente, pensei: "Meu lindo bebê, gordo e saudável, estava com algum problema e precisávamos ser rápidos".

A equipe médica da UTI era liderada por Dr. Evandro, nos recebeu na porta e de braços abertos.

"09.04.02: [...] infeliz dia para você. Hoje você foi internado na UTI do Hospital Irmãos Penteado: não

> sabemos ainda corretamente o que você tem, mas é grave. A Dra. Regina achou melhor internar você porque assim faremos todos os exames *e descobriremos a causa de suas febres. Mamãe está anestesiada, não sei bem o que sentir. Chorei muito...* Acho que nunca passamos momentos tão difíceis como hoje.... você está muito bem...sorri muito e a todos *conquista no hospital. Te amamos muito.*"

Começaram os exames: sangue, fezes, urina, mais sangue, mais... a cada vez que precisavam furar o Henrique, sempre fiquei ao seu lado. Todos diziam: "mamãe, não quer esperar lá fora?". Mas eu JAMAIS deixei meu filho sozinho, só quando não me deixavam ficar.

No segundo dia de UTI, o Henrique começou a apontar com uma assadura, mas com as pomadas que utilizávamos tudo deveria ser resolvido, pensava eu: "é uma assadura de criança, nada de mal pode acontecer".

Um, dois, três dias de UTI.

Henrique sempre muito valente ria de tudo, muito esperto, atento e, com certeza, já sabia que teria de ser forte. Ele nos dava forças com sua garra.

Como éramos os únicos na UIT pediátrica recém-inaugurado do Hospital Irmãos Penteado, as enfermeiras e médicos eram exclusivos, davam muita atenção e carinho, colocaram até uma televisão, pois o pequeno Henrique adorava ver televisão desde cedo, com apenas três meses.

Tão pequeno e tão sábio.

Naquela noite, uma das médicas intensivistas, Dr.ª Rita, médica de plantão, nos disse que o Dr. Eduardo Matsuda viria para coletar um exame um pouco diferente, porque havia suspeita de uma doença grave do sangue.

Eu não sabia nada sobre esse médico, mas todos se referiam a ele como um profissional competente e um ser humano especial.

Esse profissional do Hospital Boldrini, Dr. Eduardo Matsuda, fiquei sabendo que sairia da cama, pois estava com problemas de nervo ciático, era altamente capacitado e com larga experiência no exame.

O mielograma, também conhecido como **punção aspirativa da medula óssea**, é um exame para estudar o funcionamento da "fábrica" que produz as células sanguíneas: a medula óssea; que se encontra no interior de alguns ossos e é popularmente conhecida como tutano.

A coleta do exame era realmente difícil, normalmente é feita nas costas, com uma agulha de maior calibre para alcançar a parte interna do osso onde se encontra a medula óssea. Antes da punção, coloca-se um anestésico. No caso do Henrique, que tinha só três meses, foi feito pela perninha, pelo osso tíbio de onde foi colhido o sangue. Mas eu fiquei com o Henrique sempre lhe dando força para que ele aguentasse.

E ele chorou muito.

> "11.04.02: Hoje fizemos um exame específico para diagnóstico da leucemia... Tudo foi muito difícil para nós... Estamos com você filho, e seja o que for estaremos para tratá-lo. Te amamos."

Quando indaguei a Dr. Eduardo se havia risco de ser leucemia, ele me disse que havia poucas chances, pois: "O bebê está corado e muito bem, pode ser que não seja nada disso... vamos aguardar o resultado", disse ele confiante.

Quatro

O DIAGNÓSTICO

Na manhã seguinte, dia 12 de abril de 2002, Dr.ª Rita estava abalada e preferiu que eu atendesse diretamente ao telefone com o Dr. Eduardo, que disse: "mamãe, seu filho tem leucemia. Precisamos que seja encaminhada ao Boldrini e lá iniciaremos o tratamento".

No momento, todos da UTI estavam muito tristes, mas eu não tinha ideia da extensão desse diagnóstico. Verdadeiramente, não havia "caído a ficha" quando recebi a notícia. Hoje, vejo que A IGNORÂNCIA É O MELHOR AMIGA.

Assim, entramos numa ambulância eu e o Henrique e lá fomos nós para começar nossa jornada pela VIDA.

Cinco

A CHEGADA A UM HOSPITAL DE CÂNCER INFANTIL

Eu e Henrique fomos transferidos para o Hospital Boldrini, referência nacional no tratamento de câncer infantil.

Os cuidados que tínhamos na UTI do Hospital Irmãos Penteado nos deixaram "mal-acostumados", porque era um atendimento preferencial o tempo todo. Henrique era realmente tratado como um rei nesse período. Era o único bebê naquela UTI. Imagina como estava sendo mimado.

Mas, ao chegar ao Boldrini, tudo mudou, e eu e meu pequeno no colo ficamos aguardando junto a mais mães e pais de crianças doentes, em uma grande e movimentada recepção, sem aquele atendimento prioritário que estávamos tendo nos últimos dias.

Gostaria de frisar aqui que o atendimento do Hospital Boldrini era maravilhoso, humano e fomos muito bem recebidos. O que estava diferente era a exclusividade. Lá havia mais crianças e todas são tratadas de forma especial.

Estávamos eu, Henrique e o pai dele. Ao ver aquela grande quantidade de crianças, conversando com o pai de Henrique, questionei: "por que não nos atendem? O caso de nosso filho é grave e estamos esperando há horas".

Aí a resposta logo apareceu: "Valéria, aqui todos são graves. Teremos de esperar."

Chocada, aí realmente me dei conta do que estava acontecendo e chorei abraçando meu bebê.

Tive realmente medo do futuro.

A CONSULTA COM A MÉDICA

Quando fomos finalmente atendidos, Dra. Vitória Régia Pinheiro, hematologista do Centro Boldrini começou a explicar que, de qualquer tipo de leucemia que meu bebê sofresse não seria fácil.

Existem dois grandes tipos de leucemia, as mieloides (agudas e crônicas) que admitem o tratamento com a quimioterapia e, se o paciente evoluir, precisam do transplante de medula óssea, que é a única forma de curar a doença. E as linfoides, que admite a quimioterapia e a cura em prazos bem grandes de tratamento.

Com essa breve explicação ela nos disse: "Como o Henrique está medicado vão para casa hoje, que é uma Sexta-feira, e retornem na segunda para internação e faremos o exame para ver qual é o tipo de doença dele. Se ele tiver febre vocês terão de internar antes".

Fomos para casa, após três dias de UTI e com a certeza de que teríamos de voltar e tratar o Henrique.

> "12.04.02: Houve a confirmação do diagnóstico de leucemia. Saímos do Hospital Irmãos Penteado direto para o Boldrini. Papai e mamãe estão passados: você nada sabe e é melhor isso... vamos ver o que é que dá...qualquer que seja a sua leucemia é difícil porque é uma doença de cura arriscada... o dia foi difícil e voltar para casa uma benção... mas tenho fé que iremos vencer. Te amo."

Era muito interessante, mas nunca passou pela minha cabeça que o meu único filho pudesse morrer. Eu não acreditava nisso mesmo. Sabia da gravidade, mas não aceitava que isso fosse letal.

Ao chegar em casa, tivemos ligações de todos os familiares nos apoiando. Só queríamos ter um tempo de vida normal. Tentar acalmar e reprogramar a vida para continuar o caminho.

Sete

O DIÁRIO DO BEBÊ

Quando engravidei, resolvi escrever um diário do bebê, para que quando o Henrique crescesse tivesse tudo registrado, seus sorrisos, visitas e tudo mais.

Não escrevia diariamente, mas, sempre que tinha alguma novidade, lá estava eu a "contar" ao meu pequeno bebê o ocorrido.

Entretanto, nesse momento de tantas novidades ruins, tive medo de continuar a escrever.

Era óbvio que o tratamento seria difícil e as chances pequenas, porém, eu acreditava em Deus que iríamos passar por tudo e vencer, algo dentro de mim ofertava essa certeza tão difícil de ser aceita pelas pessoas em volta, principalmente os médicos, que de maneira geral são por demais céticos.

É lógico que seria inteligente acreditar que os médicos têm de ser profissionais, mas minha fé era maior que todas as probabilidades.

Engraçado, mas, nesse dia que voltamos para casa, minha cunhada Rita, esposa de meu irmão Valdeloir, ligou para ter notícias e nos apoiar. Eu não me recordava disso até resolver contar esta história. Mas, voltando ao relato, ela perguntou como o Henrique estava e diz ela que eu respondi: "tudo bem, ele vai ficar bem". Ela disse que desligou o telefone e pensou: "parece até que era uma gripe, pois a Valéria parece que não tem noção da gravidade do diagnóstico".

Na verdade, eu não tinha mesmo, mas hoje acredito que Jesus me carregava em seus braços nessa hora.

Entretanto, resolvi continuar a escrever e, para minha surpresa, se não fosse esse tal diário, eu não poderia estar escrevendo hoje este livro, pois tudo foi guardado dia por dia nele. Me senti muito feliz em continuar a escrever e citar essas partes aqui para que todos vejam que a realidade do tratamento do Henrique foi muito difícil.

O BATIZADO

Antes de tudo isso, como o Henrique era bebê saudável, tudo estava sendo realizado para que fosse batizado na igreja católica no dia 25 de abril de 2002.

Mas, com aquele diagnóstico bombástico no dia 12 de abril, tudo havia mudado e, quando me vi com o Henrique em casa naquela noite de sexta-feira, resolvi tentar batizá-lo "às pressas" no domingo.

A roupa pouco importava nessa hora, bem como nem precisaria de a família estar presente. Não haveria a festa do batizado, mas somente a benção que seria importante ao Henrique nessa nova jornada. O pai do Henrique saiu cedo e foi conversar com o padre da Igreja Nossa Senhora das Dores para que fizéssemos desse modo.

Não houve tempo para que fizéssemos nada. Naquela tarde de sábado, enquanto seu pai estava com o padre, Henrique apresentou febre. Liguei para ele e pedi que voltasse para irmos para o hospital internar.

Nove

COINCIDÊNCIAS EXISTEM?

Por incrível que pareça, as oportunidades que a vida nos dá são para que pensemos sempre que Deus é nosso pai e nos guia. Será realmente que coincidências existem?

O pai do Henrique naquela época e já há alguns anos efetuava doação de sangue junto à Unicamp e seu sangue, por ser do tipo "O", era muito valioso, mesmo porque ele de algum tempo para cá vinha efetuando a doação de sangue direto para pacientes que tinham câncer, doando hemácias fenotipadas para o Boldrini.

Esse exame de fenotipagem é um tipo que utiliza certos doadores especiais, no qual são pesquisados outros grupos sanguíneos além do ABO e Rh. Isso significa que, além de saber se o doador é A, B, AB ou O (com Rh + ou -), também é realizado um exame mais aprofundado do Rh e de outros subgrupos sanguíneos.

Essa doação ia direto para o Hospital Boldrini, pois era muito difícil conseguir doadores tão especiais como o pai do Henrique.

É no mínimo intrigante quando, em fevereiro de 2001, houve a doação do pai do Henrique e, por isso, ele recebeu um encarte, explicando como seria a doação de Medula Óssea.

Quando ele chegou em casa e me mostrou, eu achei interessante e disse a ele que o apoiaria nessa empreitada. Sua coleta foi marcada para os próximos meses, pois não havia kits para coleta imediata para o exame de HLA (Antígeno Leucocitário Humano).

O BEBÊ QUE VENCEU A LEUCEMIA

Esse exame permite avaliar a presença de anticorpos anti-HLA contra células do doador no soro do receptor de órgão sólido e está indicado para todos os pacientes que serão submetidos a transplante.

Então, era um sangue muito importante para o Hospital Boldrini.

Em conversas com alguns familiares mais afoitos, preocupados e sem conhecimento, houve muitas dúvidas se o pai do Henrique deveria fazer essa doação.

Mas o pai do Henrique, com meu apoio, marcou uma data para fazer essa doação de sangue específica visando ajudar as pessoas doentes que necessitariam do seu sangue.

Jamais acreditaríamos que o nosso pequeno filho de apenas três meses iria ingressar naquele hospital que nós só conhecíamos de nome, mas, na vida, as coincidências existem sim.

Dez

O HOSPITAL — CENTRO INFANTIL BOLDRINI

Eu já conhecia o hospital Boldrini há anos, pois era doadora contribuindo há mais de sete anos. Em todas as ligações que recebia, sempre me convidavam a conhecer o local e as festas, mas nunca havia ido lá.

Fui conhecê-lo com meu pequeno bebê de três meses no colo.

Apesar de ser um ótimo hospital com instalações modernas, não deixa de ser um local de muita dor e tristeza. Quando lá chegamos, jamais poderíamos imaginar como seria difícil tudo que passaríamos.

Já na recepção, enquanto aguardávamos a liberação para irmos para um quarto, prestava atenção ao movimento de entrada e saída de pacientes, médicos, enfermeiras e sentou-se ao meu lado uma tia de uma criança que estava internada. Pelas conversas que ouvi, a criança tinha nove anos de idade. Ela estava muito triste e não tive dúvidas em tentar conversar com ela. Mas me contive, pois logo chegou outro homem e lhe falou: "ela não suportou o tratamento e morreu".

Naquele momento, eu fiquei absolutamente abalada. Meu pequeno bebê de três meses de idade seria submetido a um tratamento que uma criança de nove anos não aguentara...

Comecei a chorar, abraçando meu bebê.

Mas Deus estava ao nosso lado e Jesus nos carregando nesse momento, e logo reagi.

Não havia tempo para ser fraca e logo percebi que dependeria de eu encarar a provas que "Deus" estava me enviando.

Decidi que não iria mais chorar na frente do meu filho.

Onze

O TAL "INTRACATH"

Subimos para um quarto amplo e confortável que mais parecia um "aquário": vidro de ambos os lados. Um lado oferecia a vista do posto médico e o outro para quem viesse visitar. O paciente fica no meio desses dois vidros, absolutamente isolado.

Rapidamente, nos instalamos e a enfermeira veio nos avisar que deveríamos ir para outro local onde seria feito "um procedimento".

Não sabia o que era isso, mas fomos lá. Chegamos a uma sala de procedimentos, esse é o nome escrito na porta, e esperando por nós estavam três enfermeiras e um médico: Dr. Flávio.

Ele nos explicou rapidamente que era necessário ter um "acesso" para que a medicação entrasse na veia e o melhor era fazer um "intracath" no pescoço do bebê.

Intracath é um termo médico que define um tipo de cateter para uso na terapia através da veia jugular em casos críticos e tratamentos de longa duração. É introduzido por meio de uma punção.

Ele nos perguntou se queríamos ficar na sala ou se deixaríamos o Henrique sozinho. Rapidamente, eu respondi: fico com ele.

Aí, todos nós seguramos o pequeno Henrique; eu fiquei com as mãos e de frente para ele, quase embaixo da mesa, olhando em seus pequenos olhos, acalmando-o. Ele ficou deitado de lado e, quando houve a colocação da agulha, espirrou sangue de meu filho em mim.

Na hora, é certo que tive de ser forte e, juro, não tive medo, mas fiquei muito impressionada. Era doloroso ver meu filho passar por aquilo. Mas o tratamento dependia de força e convicção e eu tinha os dois. Precisava passar tudo isso para o meu filho.

NUNCA fiquei longe do meu filho, por mais dolorido que fosse estava ao seu lado para reconfortá-lo. Por vezes, não me deixavam, mas adquirir a confiança dos médicos também era crucial, afinal, eu conhecia meu filho e poderia ajudar por ser uma pessoa obstinada.

Eu sei que isso foi crucial para que ele ficasse vivo.

Doze

A PRIMEIRA NOITE NO BOLDRINI

Tudo que é novo a gente presta mais atenção. Como os quartos do hospital são em forma redonda, ou seja, várias portas dão acesso ao posto médico do meio, área essa toda de vidro, era impossível não ver a movimentação dos outros quartos e pacientes.

Como Henrique era um bebê e dormia algumas horas a mais que eu, no tempo de "folga" conseguia acompanhar os andamentos dos outros quartos pelo vidro.

As medicações e as intervenções dos enfermeiros eram constantes, e, em especial ficamos de frente com um quarto onde estava um menino de aproximadamente oito anos, sua mãe e pai. Fiquei sabendo que o nome dele era Guilherme. Aquela criança sofreu a noite toda e eu, ali quando amamentava o Henrique não tinha como não ver.

Foi um choque atrás do outro.

Descobri que teria de ser forte a cada minuto e fui. Não chorei mais na frente do meu filho, afinal, pensava: "ele vai achar que é grave. Se a mãe chora, ele também chorará; se a mão dele não tem força, ele não terá, seu eu entregar os pontos por certo perderei meu filho.".

"14.02.02: Hoje você completou 4 meses. Estamos internados no Boldrini. Ontem você teve febre 2x e tivemos que ficar sem o batismo. Mas Deus te ama mesmo assim. A formalidade não é o mais importante: o importante é o que pensamos. Você fará novo exame amanhã. Aí saberemos como será seu tratamento. Você está bem: corado, feliz e com todos os sorrisos. Já sofreu um pouco, porque precisou fazer um tal "intracath", que é um acesso para medicamentos. Estou vendo que cada dia será mais difícil para nós..."

Treze

O CHOQUE DA FAMÍLIA

Quando houve o diagnóstico de leucemia, tivemos a certeza de que nada seria como antes. As chances de cura eram remotas. Eu, na verdade, não fiquei tão desesperada, confiava em Deus e não tinha muito conhecimento do que passaria. Com o passar dos dias, iria me iterar e conhecer tudo, aliás, não tinha opção, somente seguir em frente.

O pai do Henrique e eu sempre estivemos presentes no tratamento todo.

Quanto aos avós e tios tudo foi muito difícil, de repente, um bebê lindo e saudável estava internado em um centro de tratamento de câncer infantil.

As avós nos ajudavam a manter as roupas limpas, traziam mimos para que eu comesse, já que o Henrique somente mamava no peito, e nos ajudaram muito.

Nós não tínhamos nenhum caso na família de câncer e, por isso, era difícil aceitar que estivesse acontecendo isso conosco.

Logo de início, todos foram visitar o Henrique, e ele, como sempre, SORRINDO. Essa característica dele jamais mudaria. Após os momentos de dor, ele sempre estava sapeca e sorrindo. Essa força ele nos deu desde pequenino.

Quatorze

O TRATAMENTO INICIAL

Para que pudéssemos efetuar o tratamento, houve a necessidade de fazer a pulsão da medula no centro cirúrgico, com o objetivo de saber exatamente qual era o tipo de leucemia. Então, na segunda-feira já cedo houve a necessidade de jejum por parte de Henrique.

Como ele mamava em meu peito, exclusivamente, sempre os períodos de jejum eram menores. Ele sempre foi extremamente compreensivo e aguardava quando eu lhe contava que precisava aguardar. Eu sempre conversei muito com Henrique, porque, para que ele cooperasse, deveria estar a par dos detalhes. E realmente parecia que ele sabia que precisava de calma para passar por tudo.

Mesmo assim, era difícil conscientizar um bebê que não poderia comer, afinal, seu alimento tão próximo. Mas, se esse fosse o maior dos problemas, como seriam os outros?

Henrique, desde sempre, parecia que tinha que passar por tudo, então, era bem compreensivo e esperava calmamente seu destino.

Aí, ingressou no Centro Cirúrgico após uma longa espera. As esperas eram sempre longas, porque o hospital estava sempre com muitas crianças. Fui obrigada a esperar lá fora, visto que o procedimento somente é liberado para pessoal da equipe médica.

Foi agonizante deixá-lo ir sozinho, mesmo porque eu estava sozinha à espera. O pai do Henrique tinha que trabalhar, aliás, a internação não tinha prazo e poderia demorar. Meus familiares se propuseram a estar lá, mas não era fácil estarem em todos os momentos.

A vida fora do hospital continuava.

Quando ele entrou, me disseram: "não deve demorar muito". Mas a demora começou a ser grande demais para mim. Em dado momento, tive um pressentimento ruim. Resolvi perguntar o que estava acontecendo. As enfermeiras me disseram: "Mãe, não se preocupe, porque às vezes é assim."

Mas eu estava sentindo um forte aperto no coração e já com certeza dentro de mim sabia que algo estava errado. Minha conexão com o Henrique é incrivelmente profunda; quando ele não está bem, eu consigo sentir isso de uma maneira inexplicável.

E não é que eu estava certa! Logo após, a informação foi dada pela mesma enfermeira de antes, e, ao invés do Henrique sair e ir para o quarto comigo, fomos para a UTI (Unidade de Tratamento Intensivo).

O problema que ocorreu foi uma "apneia", ou seja, após ele ser anestesiado e estarem fazendo a pulsão, ele parou de respirar e teve de ser reanimado.

Após a administração da anestesia, Henrique entrou em um estado de inconsciência temporária. Durante esse período, ele não sente ou tem consciência do que está acontecendo ao seu redor.

A equipe médica do hospital Boldrini estava preparada e tomou todas as providências na hora, pois com a apneia respiratória, em alguns bebês, a pausa na respiração pode causar uma diminuição na frequência cardíaca ou na quantidade de oxigênio no sangue e isso tudo pode levar à morte.

Com isso, teríamos de ficar na UTI para evitar que ele novamente, após acordar, tivesse qualquer problema.

Após saber disso, fiquei ciente que cada dia seria um no tratamento. A imprevisibilidade seria uma circunstância real. Não via a hora de tudo isso terminar. Não tinha a menor ideia do que teria de passar. Eu precisava falar com alguém, mas ninguém poderia me ajudar... só DEUS. Eu estava sozinha na maior parte do tempo e tive que tomar várias decisões importantes. Então, orei pelo meu pequeno filho.

Quinze

NOVAMENTE NA UTI

Já de entrada vi que a coisa de UTI era grave. Afinal, a UTI do outro hospital era nova e estávamos sozinhos. Nunca havia estado em uma tão cheia.

Na verdade, sempre anestesiada, centrada e firme, conseguia analisar as coisas com pouco racionalidade e, talvez pela "ignorância", sempre podia agir melhor. Descobri o quanto sou calma nessas horas difíceis.

A UTI estava lotada. Crianças de todas as idades e problemas. Fui cercada por enfermeiros e o pequeno Henrique, assim que retornou da anestesia, abriu um sorriso ao me ver. Quis de pronto mamar. Isso foi meu bálsamo: se ele queria comer, tudo estava bem e logo sairíamos dali.

Mas o tratamento na UTI é difícil, tudo é gravíssimo, logo na primeira noite, já houve uma criança que não aguentou e morreu. E nós, eu e o pequeno Henrique, em meio de tanta dor e tristeza.

Ele estava bem, monitorado a cada 1 hora, somente ficava inquieto, porque não tinha sossego, sabe aquele sossego de dormir uma noite inteira e só acordar para mamar. Henrique era uma criança que mamava a cada três horas e dormia muito bem. Acho que herdou a minha calma.

Mas teríamos de nos adaptar com isso também. No dia seguinte, fomos para o quarto. Que alívio!

Agora, é só aguardar o diagnóstico específico e o tratamento.

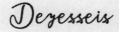

A NOITE DO DIA 16 DE ABRIL DE 2002

Quando anoiteceu naquela terça-feira, eu já estava ansiosa para saber o diagnóstico e o tratamento. Logo, o papai se juntou a nós para aguardar a médica.

Dr.ª Vitória Régia Pinheiro ingressou no quarto com o olhar triste. Embora ela fosse altamente capacitada e especializada, era desafiador encontrar as palavras certas para expressar suas emoções e expor a realidade. Suas palavras foram: "olha pais, infelizmente o diagnóstico não poderia ser pior: LEUCEMIA MIELÓIDE AGUDA M7".

Eu nem tinha a menor ideia do que ela estava falando naquela hora. Só depois que fui me inteirar do assunto.

Nesse instante, Henrique dirigiu seu olhar a ela e desdobrou um sorriso largo, daqueles capazes de derreter qualquer coração pela sua beleza contagiante.

A médica maravilhosa e comovida deixou lágrimas correrem pelo seu rosto e continuo a dizer: "o tipo de leucemia é gravíssimo, e as chances de tratamento quimioterápico são de apenas 5% (cinco porcento) em passar pela primeira indução (primeira quimioterapia)."

E prosseguiu com uma pergunta difícil: "Vocês querem tratar o Henrique?".

Veja que a triste realidade que a médica nos trouxe naquele momento em nada batia com a felicidade que o Henrique tinha; sua beleza, tranquilidade e força em nada foram abaladas por aquelas palavras. Ele continuava sorrindo para a médica.

Não hesitei em responder, pronunciando minhas palavras com firmeza e uma fé inabalável:

Dr.ª Vitória, se a senhora nos dissesse que teríamos 0,00001% de chance, mesmo assim eu diria: <u>vamos tratar o Henrique</u>".

O pai de Henrique não reagiu da mesma forma que eu; ele estava em lágrimas e incapaz de articular qualquer palavra.

Todos os familiares ficaram sem ação, quando houve a divulgação do resultado, pois, apesar de não entender direito, sabíamos o que significava "menos de 5% de chances".

A vida é um fio e naquele momento percebemos o quão somos passíveis de perdê-la sem nada poder fazer.

Eu não chorei, porque já havia percebido que precisava ser mais forte do que tudo. É lógico que Deus tinha uma pretensão quando nos colocou tão árdua barreira a ser transposta.

Mas, apesar do problema ser enorme, seguimos em frente, aliás, não tínhamos outra escolha a não ser lutar e vencer, se assim fosse o destino.

Dezessete
A QUIMIOTERAPIA

Pensem que o Henrique tinha apenas quatro meses completos, quando teve de se submeter à primeira quimioterapia. As chances a que se referia a médica eram essas, um bebê tinha menos possibilidades por ser mais frágil.

Eu, entretanto, via de outra forma: talvez esteja aí a força dele para viver.

Henrique foi submetido a tal "primeira indução", como chamavam os médicos, tendo recebido a quimioterapia por 48 horas consecutivas e ininterruptas e mais seis dias de 12 em 12 horas. Muito remédio para pouca criança.

Segundo informações médicas ele possuía, quando ingressou no hospital, 96% (noventa e seis porcento) de células blásticas (Blastos são células jovens e imaturas presentes frequentemente em extensões sanguíneas e medulares de pacientes com leucemias agudas), ou seja, seu sangue estava totalmente ocupado pela doença.

Por isso, ele teve de passar por tão forte quimioterapia, para que fosse possível eliminar toda a sua doença e sua medula óssea pudesse voltar a funcionar sem produzir células defeituosas (cancerígenas).

Mas é claro que, quando fazemos quimioterapia, matamos todas as células que estão doentes, a medula óssea que fabrica o sangue e as células boas também. Tudo deve ser destruído para que se recupere.

Assim, o Henrique, além de não ter células ruins no corpo, também não tinha as boas e isso significava que ficaria sem defesas por um período.

Nesse ínterim, com certeza seria alvo fácil para as infeções até que a medula se recuperasse e começasse a produzir sangue bom novamente.

Afinal, depois de começar o tratamento, é lógico que, enquanto o meu bebê dormia, eu tentava aprender um pouco sobre o caso, me inteirando sobre o que teria de passar durante o tratamento.

As leituras que fazia me traziam a realidade do tratamento do câncer do sangue (leucemia) e cada vez mais ficava preocupada quanto ao futuro.

Só para clarear a situação, tomei conhecimento que a leucemia megacariocítica aguda (LMA-M7) é um subtipo raro de leucemia mieloide aguda (LMA). Ela representa 3% a 5% dos casos de LMA, sendo frequentemente associada à mielo fibrose e retrata um subtipo de mau prognóstico.

As taxas de indução de remissão estão na faixa de 50 a 85%. A sobrevida livre da doença a longo prazo é geralmente cerca de 20 a 40%, mas é 40 a 50% em pacientes mais jovens tratados com quimioterapia intensiva ou transplante de células-tronco.

Naquela época, não existia acesso fácil para essa informação que hoje encontramos em uma simples pesquisa no Google. Esses meus breves estudos foram em sua maioria com livros e artigos encontrados lá no hospital Boldrini. Afinal, meu celular naquela época era simplesmente para chamadas e mensagens.

Nos intervalos de troca de fraldas, medicações e mamadas, conversava com as voluntárias que sempre apoiam as mães que estão internadas, mas uma, em especial, a Gisela, acompanhou muito nossa internação. A ela eu confessava meus medos e curiosidades sobre o hospital e era mais que ouvida sempre. Outras voluntárias, não menos especiais, também me davam informações que, na verdade, não eram tão boas como eu gostaria.

Eu conseguia achar até engraçado tudo isso que era dito e em momento algum acreditava que o Henrique poderia morrer; algo me dizia que ele passaria por tudo aquilo. Minha convicção na cura era enorme naquela época.

O BEBÊ QUE VENCEU A LEUCEMIA

Mas se lembram daquela assadura que começou no Hospital Irmãos Penteado, quando houve a primeira internação do Henrique? Ela persistia, apesar das pomadas e antibióticos. E não se curava... pomadas... mais pomadas... outras. Isso estava me deixando preocupada... "Que assadura resistente", pensava eu.

Por outro lado, o medo nunca me dominou; parecia que eu sempre carregava uma esperança intrépida de alcançar o sucesso. Nesse momento, senti que Deus me guiava, tornando o caminho mais suave e acessível.

O Henrique, por outro lado, nem parecia que estava fazendo tão difícil tratamento. Não teve nenhum episódio de vômito, diarreia ou qualquer outro ligado a reações ruins que são provocadas pela quimioterapia.

Muito pelo contrário, era alegre, mamava muito e na medida do possível dormia, posto que no hospital não se tem sossego para tal atividade, em virtude dos controles necessários dos médicos e enfermeiros.

Recebíamos visitas diariamente: nossa família, amigos e as pessoas do hospital, assistentes sociais, pesquisas, psicólogas, voluntárias... Como eu ficava 24 horas por dia com o meu bebê, tinha sempre companhia.

Além disso, a vida no meu escritório de advocacia tinha de continuar fora do hospital e eu, como advogada, tinha muitos processos em andamento. Com o auxílio total de minha irmã Vania e minha sobrinha Marina, que hoje em dia é bacharel em Direito por minha culpa, é claro, as atividades e processos eram levados para o hospital, onde, quando o Henrique dormia, eu fazia o trabalho em via de rascunho, Marina digitava no dia seguinte e me trazia para eu conferir e assinar, dando andamento no que necessitava.

Às vezes, não tinha a menor capacidade de pensar nos processos, mas eu sempre fui focada e não me deixava abater. Tinha um mantra: preciso me concentrar em uma coisa de cada vez... preciso me concentrar em uma coisa de cada vez... e seguia repetidamente até conseguir.

Durante esses oito dias de quimioterapia, eu e o papai do Henrique fizemos exames de compatibilidade, pois o pequeno Henrique, se sobrevivesse, precisava de um transplante de medula óssea, ou seja, um doador compatível até 80% em DNA para que ele pudesse receber a medula e se curar.

> "17 a 24.02.02: Sua semana de quimioterapia foi muito boa...Estamos internados há 12 dias e apesar de ser tudo novo, já estamos nos adaptando à nova realidade. Ela não é nada boa, porque um hospital não é o melhor dos lugares, mas com certeza teremos de passar por tudo para chegar ao final vitoriosos. Você precisará de um transplante de medula e não sabemos se haverá um doador. Papai e mamãe vão fazer um exame para isso... Você está com uma assadura persistente... Te amamos e estamos com você."

É um pouco complicado para eu explicar tudo isso, mesmo porque jamais pensei em passar por nada parecido. Mas o RISCO DE VIDA até o transplante parecia que não existia para mim. Eu estava anestesiada por um tempo. Acho que assim pude trazer ao Henrique a serenidade necessária.

A *priori*, pensava que a única chance do Henrique seria fazer o transplante e não achava que a quimioterapia seria o pior.

Estava enganada!

Dezoito

O PIOR DIA DE MINHA VIDA

Realmente, apesar de todos os dias serem ruins, o pior de todo o tratamento e de minha vida foi esse. No dia 24 de abril de 2002, eu estava muito feliz em ter terminado a sessão inicial de quimioterapia.

Henrique estava lindo, gordo, alegre, nem parecia que passará por tal tratamento tão agressivo. Ria e deixava a todos bobos pela sua beleza.

"Vamos para casa hoje", disse a enfermeira Marinalva, que estava tão alegre quanto nós. Continuou ela: "mas se houver febre, vamos ter de internar de novo, certo, mãezinha?".

Mais que rápido, respondi que sim; estava ansiosa para rever minha casa, afinal, foram vários dias de hospital.

Na minha casa, pensava eu, "tudo seria melhor...", estaria com nossos cães, que na época eram três rottweilers, Greta, Iris e Áster: lindos, preto e canela, e que eu amava muito. Enfim, quem sabe poderia ter "minha vida" de volta.

Nesse mesmo dia, sairia o resultado do exame de COMPATIBILIDADE. Estava muito convicta que poderíamos eu ou o pai do Henrique resolver a situação dele, ou seja, pensava eu "vou curar meu filho, com certeza, eu ou seu pai seremos compatíveis."

E nada de resposta.... as horas passavam. Aí, liguei para o pai do Henrique indagando se já sabia do resultado. Ele ficou de ligar no laboratório de São Paulo para saber e me ligar de volta. Mas ainda nada. Fiquei esperando.

Quando o telefone celular tocou, estava angustiada, perguntei: e aí?

Ele me deu a notícia assim: **"a notícia não é boa: não somos compatíveis!"**

Meu mundo caiu; despenquei a chorar imediatamente, não era possível; eu não tinha como salvar meu pequeno filho! Não pensava em mais nada, somente que ele iria morrer. Fiquei com tanto medo que não conseguia raciocinar claramente. Pânico total. Não conseguia pensar.

Nisso a enfermeira MARINALVA, que estava terminando de tirar os cateteres do Henrique, me abraçou e me consolou por alguns minutos, mas, apesar disso, eu não me controlava.

Então, chegou o médico Dr. Sátiro, que, para me consolar, disse que o tratamento poderia curar o Henrique, que eu estava muito precipitada, que havia chances. Por um instante, me deixei acreditar nisso, aliás, não tinha outra opção: estávamos num beco sem saída.

Enfermeira Marinalva então falou-me: "O transplante é um caminho difícil; quem sabe o que 'DEUS' quer com o Henrique. Não desanime, se for da vontade de DEUS, ele vai se curar."

Aí, parei, consegui raciocinar e disse para mim mesma: preciso ter calma, Henrique está ao meu lado hoje e tenho de ser forte. Passaremos por tudo que tivermos de passar. Não posso me desesperar.

Eu não disse que ia ficar forte e não chorar. Então, chega das lágrimas...

Fomos para casa naquela tarde.

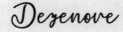

UMA VIDA PELA OUTRA

Quando me deparei com a doença do pequeno Henrique, fiquei muito preocupada em poder fazer algo mais pela vida dele.

Pacientes tem 25% de chance de encontrar um doador compatível entre irmãos. A maior parte dos pacientes não encontra um doador compatível na família. A chance de encontrar uma medula compatível na população em geral pode chegar a uma em cada cem mil habitantes.

Todos cogitavam a possibilidade de eu ter uma nova gestação com o objetivo da compatibilidade entre os irmãos e o transplante de medula ter êxito.

Para mim isso era muito novo e pouco conhecia disso tudo para que pudesse opinar se poderia ou deveria ter outro filho. Eu e o pai do Henrique tínhamos uma visão da vida só com um filho por conta dos gastos. Mas, naquela altura dos acontecimentos, o que mais importava era a chance de salvar o Henrique.

O aspecto mais claro para mim era que, em minha ignorância, achava extremamente triste conceber um filho apenas para salvar a vida do irmão mais velho. Essa não era a escolha que eu desejava fazer.

Mas as novelas globais, as histórias com êxitos fictícios em transplantes imaginários e irreais, davam às pessoas que nos cercavam uma possibilidade de acreditar num milagre criado ou somente uma possibilidade de êxito.

Não acho que era errado o que pensavam, pois estavam cogitando algo para resolver o problema, mas, pela vida que eu tinha escolhido, não caberiam duas crianças, mesmo porque os planos eram salvar o Henrique e não ter um outro filho para isso.

Com a consulta médica, pedi uma orientação a Dr.ª Vitória Régia Pinheiro, a qual me esclareceu sobre essas dúvidas e, de pronto, me alertou que a compatibilidade entre irmãos é de aproximadamente 25%, ou seja, mesmo que eu tivesse tempo para engravidar e ter outro bebê, haveria o risco de ele não ser compatível com o Henrique.

Assim, ela terminou informando que: **"mãe, no caso do Henrique, nós NÃO TEMOS NOVE MESES".**

Eu queria muito que meu filho tivesse a vitória e se curasse. Faria tudo que estivesse ao meu alcance para ver o Henrique curado e feliz.

À noite, apenas acompanhada do Henrique que dormia, por ser uma pessoa temente a Deus, resolvi ter uma conversinha com ele. Pressionada pelo tempo, que não tínhamos, e pela gravidade da doença do Henrique, naquela noite, resolvi fazer um acordo com "Deus".

De joelhos no chão, nas minhas preces noturnas, resolvi: "Senhor, eu não sei se o que você pretende para mim, mas sei que me ama. Sei do seu amor pelo Henrique. Se for de tua vontade que eu tenha outro filho, façamos um trato: se o Senhor quer que eu tenha outro filho, primeiro salve o Henrique e depois eu farei isso."

Esse acordo ia além da minha possibilidade naquele momento, mas, ao contar essa minha conversa com "Deus" ao meu marido no dia seguinte, ele concordou prontamente, sem hesitação ou dificuldade.

Vinte

A INFECÇÃO

A quimioterapia trouxe a infecção, e a do Henrique não foi a das mais fáceis; se é que exista uma fácil, mas a dele foi rara. Percebi que tudo que aconteceria com o Henrique um mundo de possibilidades infinitas e experiências inéditas.

Não tivemos muito tempo em casa; apenas um dia e uma única noite se passaram quando a febre atingiu meu pequeno filho. A noite foi muito difícil, passamos em claro, eu e ele.

> "26.04.02: Hoje internamos de novo. Toda vez que há febre, voltamos ao hospital... mamãe fica mais segura perto dos médicos... Nossa família está numa corrente bem forte de orações por você... para que seja possível sua cura... Estamos dependendo da "vontade de Deus" e isso é como se fosse um milagre... "Deus" te ama e lhe dará o dom da vida. Você tem um destino pela frente e com coragem chegaremos lá. Te amamos."

Os próximos dias foram horríveis, um misto de insegurança e dor. A infeção até que demorou a ser revelada, aparecia nos exames de sangue, mas não mostrava sua cara.

A assadura do bumbum era a infecção.

Após passarmos algumas noites em claro, com um enorme suporte de antibióticos, apareceu uma grande ferida no lugar da assadura e começou a aumentar.

Não me recordo bem qual era esse dia, mas me lembro dos rostos dos médicos quando viram aquilo: todos ficaram muito assustados.

Se passaram aproximadamente três dias de muita dor e insegurança quanto ao tratamento correto, e o Henrique já não mais podia se deitar de frente (decúbito frontal era o nome correto utilizado no hospital).

Em seu bumbum só se via uma ferida que não parava de aumentar. Os remédios pareciam que não estavam sendo eficazes. Era um médico atrás do outro, entrando e saindo do quarto a toda hora.

Hoje, sei que o nome da doença que o Henrique foi acometido é SINDROME DE FOURNIER, causada pela bactéria pseudômonas, que se alojou no bumbum do Henrique e praticamente o "comeu" inteiro.

Síndrome de Fournier é uma doença que atinge o saco escrotal e os glúteos. O problema é popularmente conhecido como gangrena sinérgica. A doença é rara, não é contagiosa, mas pode levar à morte.

Se caracteriza por infecção necrotizante perineal. Seu início é insidioso, tem progressão fulminante, leva a grandes perdas teciduais e muitas vezes ao óbito.

A bactéria pseudomonas aeruginosa é bacilo gram-negativo que frequentemente é agente causador de septicemia, abscessos e infecções em feridas cutâneas. A inflamação da camada de gordura que fica abaixo da pele causada por esse microrganismo é excepcional e há poucos casos bem documentados. Em suma, mais uma novidade para os médicos correrem e acharem uma solução.

Mas a ignorância é nossa amiga!

A coisa era feia.

Para limpar as fezes, pois lembre-se ele tinha apenas 4 meses de idade, tínhamos que lavar, utilizávamos permanganato de potássio, mas não adiantava. Henrique gritava de dor, apesar da morfina. Era alucinante e desesperador vê-lo assim.

Eu estava angustiada em não poder fazer nada. Nessas horas, gostaria de estar no lugar do meu filho. Mas eu não deixava de fazer o que tinha de ser feito e, sempre, pessoalmente.

Fazia a limpeza do pequeno bebê com ajuda das enfermeiras e do pai do Henrique por vezes, conversávamos com ele, explicando que era preciso manter limpa a ferida para que não ficasse ainda pior.

MAS FICOU!

Os dias passavam e tudo ficava pior, até que, já com dificuldades em respirar e a infecção generalizada denominada por choque céptico, que é o resultado de uma infecção que se alastra pelo corpo, rapidamente, afetando vários órgãos, fomos para a UTI para um quarto de isolamento, em 6 de maio de 2002.

Não consigo saber bem, mas lá ficamos alguns dias ainda piorando. As veias do meu bebê não conseguiam aguentar toda a medicação que tinha de entrar por elas. Aquele acesso via intracath foi por pouco tempo e não conseguiram fazer novamente por conta do choque séptico que o Henrique estava. Fizeram flébor, que é um procedimento de fazer uma punção em uma veia nas pernas do paciente. Já não tinha mais onde procurar veias.

Os antibióticos potencialmente disponíveis na época para o tratamento de infecções graves foram todos usados: imipeném e meropeném e especialmente ciprofloxacino. Mas ainda o menino piorava.

Improvisamos uma forma de que o Henrique pudesse deitar-se de barriga para cima: colocamos um grande travesseiro, que era dos meus cachorros. Meus cães comiam ração da Proplan naquela época e essa empresa dava de brinde uns colchões pretos com o nome da marca. Tínhamos alguns novos guardados.

O responsável da UTI não sabia o que mais poderia ajudar e quase caiu duro quando dissemos isso. Mas, no caso, tudo era novidade e fizemos um furo grande no meio do colchãozinho, onde encaixávamos o pequeno bumbum: que na época era enorme buraco necrosado.

Eu utilizava uma forma de dizer que as coisas não estavam boas: eu dizia que matava e comia um leão por dia, mas em outros dias, eram mais leões a matar e comer de tão grave que era a situação. Mantive o bom humor por algum tempo, mas estava ficando insustentável.

Lembrem-se Henrique tinha apenas quatro meses e meio nessa época.

O pai e o tio Dinho (meu irmão Valdeloir) se revezavam em fornecer defesas do seu próprio sangue para o pequeno bebê. Todos os dias um deles tomava uma vacina à noite para aumentar a produção de defesas em seu corpo e de manhã tiravam seus "granulócitos", que células de defesa do organismo, ficando por horas em uma máquina.

Essas defesas eram colocadas no corpinho do nosso Henrique. Eram horas naquela máquina que tirava o sangue de um lado, separava as defesas do sangue e devolvia o sangue por outro lado. Era sofrido para eles, mas TUDO PARA SALVAR O HENRIQUE.

Só para entenderem bem: o sangue possui a parte vermelha e a parte branca que são as defesas. Esses granulócitos são extraídos da parte branca do sangue.

É certo que, além de granulócitos, o Henrique precisou de plaquetas, sangue e muito mais, e todos ajudavam, o Tio Alvinho doava sangue e plaquetas, e outras pessoas amigas também deram sua colaboração "doando sangue" para a vida ao pequenino bebê.

Se eu tivesse que agradecer a cada um, com certeza não saberia dizer o quanto todos foram importantes. Mas OBRIGADA!

E as coisas não melhoravam, Henrique perdeu a capacidade de respirar sozinho, foi "entubado", ou seja, teve de ser ligado ao respirador artificial, pois não tinha força sozinho. Ficou sem sorrir por aproximadamente uma semana, a dor que sentia era imensa, nem mesmo os remédios mais fortes, como o diazepan e a morfina, pareciam melhorar suas dores. Mas agora dopado, não mais chorava. Eu estava muito assustada e rezava muito, pois tudo estava muito difícil.

Os médicos foram escolhidos a dedo por Deus, e para se ter uma ideia, o Dr. Alexandre que trabalhava em turnos na UTI pediátrica, quando em uma dessas longas noites, confessou que estava escrevendo sua tese com base no aparelho respirador que o Henrique estava usando. Então, tínhamos todos os meios de saber como tudo seria resolvido. Eu tinha certeza da recuperação do Henrique. Mas estava bem triste com tudo isso. Mantinha a fé, mas não era fácil.

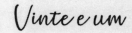

O DIA EM QUE O MILAGRE COMEÇOU

Não sei dizer como foram os dias seguintes, era um misto de tristeza, dor e esperança.

Eu passava a maior parte do tempo com o pequeno bebê. Não gostava de deixá-lo nem por minutos para tomar banho ou me alimentar.

Continuava a fazer as "ordenhas" do leite, com o objetivo de que, quando o Henrique melhorasse, retomasse a amamentação. Ele era um bebê muito forte e eu não queria que perdesse essa fonte de alimento por nada.

Por vezes, alguém me substituía na vigilância do pequeno bebê e, enquanto ele estava lá na UTI, nunca ficou sozinho. Só quando os médicos não nos deixavam estar lá.

Na noite do dia 13 de maio de 2002, tudo estava ainda pior. O Henrique não mais abria os olhos e nem podia sorrir: estava "entubado", respirando com ajuda de aparelhos desde 11 de maio de 2002. Seus medicamentos não mais entravam, suas veias estavam difíceis, escassas.

Eu percebia que meu filhinho estava definhando, sua necrose estava enorme, sua aparência péssima, seus olhos sem brilho, sua boca com aquele enorme tubo. Mesmo assim, ele se expressava comigo, quando a medicação estava para ser aplicada ele me seguia com os olhos. Estávamos conectados o tempo todo.

Os médicos, então, tinham que tomar uma atitude: criar um acesso rápido para que a medicação entrasse. Por outro lado, o "choque séptico" estava instalado e o pequeno não tinha bumbum, apenas uma imensa necrose que dava medo de olhar. Henrique tinha mínimas chances de continuar vivo. Qualquer procedimento seria desestabilizador e prejudicial.

Então, Dr. Flávio, o médico de plantão da UTI, pediu que eu saísse do quarto, porque iriam tentar fazer uma "flébor" no braço ou na perna. A veia do Henrique nesse momento era aquela bem fininha da mão.

Quando os procedimentos começaram, eu ainda estava saindo do quarto, então, olhei o meu Henrique: e ele abriu os olhos e calmamente me olhou por segundos. Isso me acalmou e saí.

Lá fora, entrei em pânico e comecei a chorar desesperadamente. Afinal, a situação era gravíssima. As chances minúsculas. Eu estava há mais de mês internada com ele. Nossas vidas cheias de tristeza e dor.

Logo, a família vinha chegando, vovó Esmeralda, vovô Joel, tia Vânia, tio Álvaro, Marina. Nessa hora, chegou um amigo de minha irmã que é médico gastroenterologista, Dr. Mário Areas, e seu filho, Tiago, querendo visitar o Henrique. Com o meu desespero, ele acabou entrando direto na UTI para ver o que acontecia. Afinal, médicos se entendem.

Mas demorou poucos minutos e ele logo que saiu, somente se ateve a se despedir rapidamente, sem nada dizer a mim e ao pai do Henrique.

Meu pai e minha irmã Vânia os acompanharam até o estacionamento e lá receberam a informação que somente hoje eu posso saber, pois me contaram há pouco tempo. O médico disso que o Henrique não passaria daquela noite e seu estado era gravíssimo.

Mas os Rodrigues são fortes e tementes a Deus e meu pai (Vovô Joel) diz que respondeu: "eu acredito em Deus e em Bom Jesus de Pirapora que ele vai se recuperar." Demonstrando ao médico que nem sempre a medicina é a única a saber a verdade.

Eu, naquele momento, vi que o Henrique não tinha a menor possibilidade de permanecer como estava. Percebi que estava sendo até egoísta, como toda mãe é, querendo que ele permanecesse vivo.

O BEBÊ QUE VENCEU A LEUCEMIA

Mas para uma mãe é muito difícil ver seu primeiro e desejado filho naquela situação.

Então, de pronto, resolvi rezar a DEUS e, com todas as forças que ainda me restavam, chorando, pedi: **"Senhor: ou cure meu filho ou o leve, porque não posso aguentar mais vê-lo sofrer assim"**.

Essas palavras foram tiradas do fundo de minha alma, com todo meu coração eu entreguei a Deus meu único filho, pedindo: "Seja feita a Vossa vontade".

Hoje, sei que esse foi o dia em que o **MILAGRE DA VIDA DO HENRIQUE** aconteceu.

Quando pude retornar para dentro do quarto da UTI, eles não haviam conseguido uma flébor, mas uma pequena veia da mão do Henrique e por ela é que entrava toda a medicação daquela hora em diante.

Lembro de ter perguntado ao Dr. Flávio: "e aí?"

E ele me disse: "vamos ver".

Nos dias seguintes, tudo começou a melhorar. A luz parecia que não iria mais se apagar.

Em mais ou menos três dias, o Henrique foi destubado, ou seja, foi retirado do tubo que foi inserido na garganta do Henrique e por onde artificialmente entrava o ar e saiu do respirador.

Sua medula voltou a produzir, a aplasia havia cessado, e pude segurar meu filho no colo de novo. Ele recomeçou a mamar. QUE ALÍVIO!

E aos poucos, 15 dias se passaram dentro da UTI, **MAS O MEU PEQUENO BEBÊ SAIU VIVO**.

Vinte e dois

O PRIMEIRO DIA DAS MÃES DA MINHA VIDA

A situação era gravíssima. Eu tinha muita fé em Deus, não entregava os pontos com facilidade. Creio que era a única que acreditava realmente que tudo poderia melhorar.

Toda essa minha força era vital para que o pequeno bebê aguentasse e tivesse forças para continuar a viver.

Mas, quando amanheceu aquele domingo, que era o tal "Dia das Mães", ficou claro que eu não tinha a certeza de ser o primeiro e único ou o primeiro de muitos.

"12.05.02: Hoje é o Dia das Mães. Você está na UTI... Foi a semana mais difícil de nossas vidas... Você tem piorado... com uma infecção de nome esquisito... Estou num misto de tristeza e entusiasmo, fé e descrença... Você não pode chorar... Você sente o nosso toque, mas não vejo seu sorriso há duas longas semanas... mas temos fé em Deus que você vai se curar. Te amamos."

Existe no hospital uma pequena capela na qual houve até uma missa, mas eu não tinha condições de assistir naquele dia, estava muito ocupada observando e ajudando a cuidar do Henrique para perder minutos preciosos ao lado do meu pequeno.

Mas, no final da tarde, me dirigi até lá e pude escrever algo no caderno que lá existe. Não me lembro o que li ou escrevi, mas deixei uma mensagem para as outras mães.

Foi difícil para eu passar por aquele dia e, hoje, creio que tudo tem o seu porquê, eu acreditava na recuperação do Henrique e "brigava com Deus" o tempo todo, exigindo uma explicação sobre o que estávamos passando, mas não perdi a fé em momento algum.

Foi o pior Dia das Mães, mas, ao mesmo tempo, o melhor, pois a minha certeza era de que o Henrique iria ficar bem nunca me abandonou.

Vinte e três

AGIR E PENSAR SEMPRE NO BEBÊ

Nem tudo o que os médicos dizem deve ser encarado com extrema seriedade. Eles são especialistas e precisam manter uma abordagem clara e cética. No entanto, como mãe, decidi não aceitar tudo de forma literal.

Eu sempre fui uma pessoa que levava em conta meus princípios e minhas decisões amparadas no meu conhecimento, nos conselhos de meus pais e das pessoas que me rodeiam e isso foi crucial no tratamento do Henrique.

Após vários dias de UTI, eu ainda mantinha a rotina de retirar leite materno e manter a amamentação para quando o Henrique se recuperasse.

Mas a situação dele era muito grave e, por mais que eu não acreditasse no que os médicos me diziam, pois acreditava primeiro em DEUS, eu tinha de ser realista.

A médica Dr.ª Vitória, em uma das vezes que visitou o Henrique na UTI, posto que lá não era ela quem atendia diretamente o caso, me orientou para que eu não mais tomasse o remédio Plasil e fizesse a ordenha do meu leite, porque o risco era grande de o Henrique não mais poderia precisar, pois havia no mercado vários outros tipos de leite que poderiam mantê-lo após sua recuperação.

Eu, como mãe, fiquei absolutamente brava com aquela orientação dela e não segui em momento algum, porque naquela época tinha a certeza de que meu filho precisaria de meu leite e, somente se Deus quisesse, eu não mais teria. Se dependesse de mim, o leite não iria secar, pois eu queria e deveria amamentar meu bebê.

É certo que não critico a médica, pois somente pensou em mim e nas possibilidades de vida que o meu filho tinha, que naquela época eram zero, mas, é por essas e outras, que a própria pessoa deve tomar suas decisões.

> "14.05.02: Parabéns: Hoje você completa mais um mês. Ontem à noite foi horrível...eu estou um pouco cansada...você retornou a comer...Felizes estamos quando você não está com dor ou febre...Cada dia agradeço a Deus por você estar se recuperando... Nosso amor por você é maior que o deserto e tão intenso quanto a água que ferve em algum recipiente. Estou feliz por você existir e tornar minha vida repleta de alegria."

> "18.05.02: Você foi destubado: está fora do aparelho. Está na hora de reagir... você sofre com dores de barriga e nós com seu sofrimento... Existe uma música que diz assim: "eu te quero só para mim; você mora em meu coração; mimar você; andar de mãos dadas na beira da praia por este momento eu sempre esperei." Mamãe pretende cumprir isso... porque Deus irá nos iluminar em todo o trajeto difícil e a vitória será garantida... Eu já aprendi muito com tudo isso: o respeito a dor dos outros pais, a solidariedade, a união da família, a felicidade em momentos, a fé e muito mais..."

Vinte e quatro

PESSOAS CERTAS NAS HORAS INCERTAS

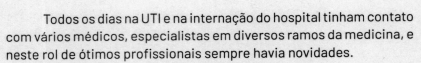

Todos os dias na UTI e na internação do hospital tinham contato com vários médicos, especialistas em diversos ramos da medicina, e neste rol de ótimos profissionais sempre havia novidades.

Existiam ainda aqueles que são inseguros, pessimistas e até mesmo "URUCAS", ou seja, aqueles que tinham pequenos urubus em cima de sua cabeça e somente davam péssimas notícias, desacreditando que com um só sopro, DEUS pode mudar uma situação.

É lógico que num hospital de câncer não dá para ser um otimismo só, mas nem tanto o céu nem tanto a terra, não é mesmo...

Alguns destes profissionais eram "escolhidos a dedo" no caso do Henrique, pois, em momento algum tinham decisões inseguras ou mesmo demoravam a resolver os problemas, demonstrando não só competência e muito estudo, mas também a "mão de Deus" em nosso caminho.

Dentre eles, em especial havia o Dr. Flávio, que todas as terças-feiras estavam em plantão na UTI do Hospital. Era ao mínimo "cômico", mas todas as vezes que o Henrique tinha de submeter-se a uma intervenção grave, tipo troca de acesso para entrada de medicamentos, flébor, intracaths etc., sempre era nos dias de terça-feira.

Dr. Flávio falava assim: "Tem de ser eu", e hoje acredito que ele era eleito para com sua sabedoria, competência e experiência pudesse acudir meu bebê.

Existe também o caso do médico especialista em doenças bacterianas Dr. Levi, o qual esteve diversas vezes no quarto quando surgiu a Síndrome de Fornier pela bactéria pseudomonas.

Ele fez todo o estudo e verificou que para resolver o problema precisaríamos de um tipo específico de antibiótico na época o levoflaxino. Foi muito difícil para toda a equipe médica aceitar essa mudança, pois os antibióticos que "cobrem" várias doenças, tipo o imipenem, que não poderia ser usado junto com o que matava a pseudomonas. Decisões difíceis que precisaram ser tomadas.

Eu sempre estava ao lado dos médicos, procurava me inteirar dos medicamentos e dos procedimentos para que pudesse ver o que seria melhor para o Henrique. Por vezes, eles achavam que eu era da área médica, pois conseguia me comunicar como um deles pelos meus estudos sobre o caso. Mas eu jamais imaginei que teria de agir sozinha, muito pelo contrário, sempre respeitei a decisões deles, mas, por vezes, dizia: "onde eu tenho que assinar para que isso seja feito".

Eu brigava, mas nunca desrespeitei os médicos, enfermeiros e atendentes. Somente queria salvar meu filho.

Vinte e cinco

A PRIMEIRA CIRURGIA

Quando a medula óssea do Henrique voltou a funcionar e suas defesas começaram a ser eficazes, logo os médicos resolveram que era hora de fazer uma grande cirurgia em 21 de maio de 2002.

É lógico que ocorreu numa terça-feira.

> "21.05.02: Hoje você fez uma cirurgia grande: debridou o bumbum; fez uma colostomia e ainda colocou um intracath. Você está bem e amanhã vamos para o quarto. Na hora de voltar da anestesia quase teve de ficar no respirador de novo. Mas Deus está ao nosso lado e tudo deu certo. Eu te amo filho e creio que tudo dará mais de que certo."

O "debridamento e colostomia" foram realizados pelo Dr. Márcio Miranda e Dr. Antoninho, pessoas de alta capacidade e respeito a quem devo muito em reverências.

Debridamento é o ato de remover tecido necrótico ou materiais biológicos, como crostas e micro-organismos, de uma lesão traumática ou crônica, a fim de promover a exposição do tecido saudável. Tipo limpar a área morta, para deixar a pele nova crescer.

A colostomia é a exteriorização no abdome de uma parte do intestino grosso, o cólon, para eliminação de fezes/gases. A colostomia é realizada quando a pessoa apresenta qualquer problema que a impeça de evacuar pelo ânus.

Eu tive de aprender rápido como conversar com os médicos sobre tudo isso, pois era a única chance deles me ouvirem e respeitarem em minhas opiniões de mãe e conhecedora do Henrique.

O BEBÊ QUE VENCEU A LEUCEMIA

Eu tenho um vínculo muito especial com o Henrique e naquela época maior ainda, visto que eu parecia saber o que passava em sua cabeça e suas reações a tudo.

Como nenhuma criança daquela idade aguentava passar por quimioterapia e infecção, logo os médicos estavam tão surpresos como nós ou até mais. Uma grande vitória havia acontecido.

Fomos, então, fazer a cirurgia. Quando o Henrique saiu da sala de cirurgia, após três horas e meia, eu já estava absolutamente angustiada de novo.

Tudo que acontecia com o Henrique demorava o triplo do tempo que me diziam, pois sempre havia complicações, devido a ele ser um bebê. Mas dessa vez entendi que não eram só complicações passageiras, era bem grave.

Ele saiu da cirurgia SEM BUMBUM, com um enorme curativo e buraco, com uma colostomia (que eram duas aberturas na barriga e por onde as fezes sairiam) para permitir a cicatrização do bumbum.

Era horrível! Mas meu filho estava bem e se recuperaria. Isso é que importava.

A minha frase era: "Vamos em frente".

Vinte e seis

NOVA FEBRE — O DENTINHO SAPECA

No dia que iríamos ter alta da UTI para irmos para o quarto, meu bebê amanheceu com um leve estado febril.

Os médicos começaram de novo um entra e sai daquele quartinho de isolamento que estávamos, e ninguém entendia nada.

Seus exames demonstravam que tudo estava bem, sua medula funcionava e aparentemente nada estava errado: mas e aquela febre o que era?

De repente, uma luz no fim do túnel, o enfermeiro Bruno, após saber do que se passava, foi-nos ver, pois acabava de entrar em seu turno de UTI.

Ao contar a ele, esse falou: "Estranho. Mas será que não tem a ver com a dentição do Henrique?"

Rapidamente, assim que ele parou de mamar em meu peito, abrimos com cuidado a pequena boca, e TCHAN, TCHAN: ERA UM DENTINHO SAPECA NASCENDO NUM BEBÊ DE 6 MESES.

Tudo, afinal, era normal.

O enfermeiro Bruno saiu muito feliz e pulando de alegria, logo transmitiu ao médico sua descoberta, acalmando a todos naquela UTI.

Às vezes, nos esquecíamos que Henrique ainda era uma criança em franco desenvolvimento e com uma enorme vontade de vencer esse tratamento.

"27.05.02: Hoje é um dia especial: saímos do hospital. Após todo esse tempo é incrível podermos sair. Deus nos abençoou e isso ninguém pode negar. Somente um milagre pode acontecer porque senão hoje não estaríamos aqui em casa... Logo estará curado. Te amo."

Vinte e sete

A RECUPERAÇÃO DA CIRURGIA

Assim que tivemos alta da cirurgia fomos para o quarto. Eu chamava de aquário e lá permanecemos ainda por mais três dias.

Cuidar de uma colostomia não era nada fácil em um bebê, pois não havia bolsas de ostomia, nem mesmo saquinhos que se adequassem, devido ao tamanho do paciente.

Apesar da boa vontade de várias empresas do ramo, nenhuma era adequada a um bebê. Então, tivemos que improvisar metade de uma fralda, com esparadrapos em volta. Depois, conseguimos um tipo de bandagem de tecido não tecido, e aí ficou mais fácil. Comprávamos de caixa para suportar todo o tempo do tratamento.

Ao termos alta, fomos para casa, mas tínhamos que voltar todos os dias para fazer curativo no "imenso buraco" que tinha se transformado aquele bumbumzinho de bebê.

Para os curativos, tudo esterilizado... mãos e instrumentos... pessoas de máscara e tudo mais.

Mas, apesar disso, eu aprendi rapidamente como carregar um bebê sem bumbum; não era nada fácil. Somente eu o pegava no colo para evitar que qualquer pessoa o machucasse.

Dias após, a Dr.ª Vanessa Brandalise, cirurgiã plástica, nos visitou e informou que parássemos de usar tudo esterilizado e começássemos a fazer a limpeza com água e sabão.

UM CHOQUE! O chefe da UTI, Irineu, que acompanhava tudo pessoalmente, quase teve um treco, mas, com o passar dos dias, todos vimos que era o melhor, pois teríamos de fazer uma plástica para fechar o enorme buraco e retomar o tratamento.

Não fazíamos passeios, não saímos de casa, afinal, era uma vida com muitas restrições: sem contato com crianças ou adultos que haviam sido vacinados; sem contatos com pessoas doentes; sem idas a locais públicos.

Não podíamos fazer várias coisas: receber visitas, ninguém que tivesse algum resfriado poderia se aproximar, bem como nossos sobrinhos, se tivessem tomado vacinas. Era uma vida cheia de regras duras, mas nosso Henrique melhorava a cada dia. Eu ficava com ele todos os dias.

Sair de casa somente para o Hospital, e olhe lá. Mas, como nossa casa é o melhor lugar do mundo, não era nada difícil.

05.06.02: Estamos em casa a todo esse tempo. Felizmente não precisamos ir todo dia para fazer curativo... A cada dia você está mais lindo, é sorridente, alegre, dá gargalhadas, brinca com os objetos e fica mais tempo acordado. Te amo muito."

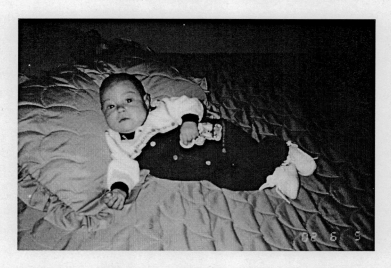

Foto do Henrique no dia que chegamos em casa. Haviam se passados mais de 4 meses sem nenhuma foto... e ele sobreviveu!

Vinte e oito

A CIRURGIA PLÁSTICA — NOVO RISCO

"10.06.02: Você vai fazer a plástica dia 18. Estou um pouco apreensiva... Tenho muito medo... agora que já tenho ideia... novamente o hospital... Gostaria que você estivesse curado, peço isso a Deus todos os dias."

No tratamento do Henrique cada dia era mais nebuloso e difícil do que o outro. Até mesmo os médicos tinham essa impressão. Apesar da vitória até aquele momento, muitas providências precisavam ser tomadas.

Quando a medula óssea volta a produzir sangue, após a quimioterapia, normalmente esses sangues não contêm células cancerígenas (leucemia), mas, no caso do Henrique nada era normal. Os médicos acreditavam que ainda teríamos que fazer uma nova quimioterapia para exterminar definitivamente a leucemia.

Nenhum bebê tinha chegado tão longe no tratamento de leucemia mieloide M7 como ele chegou: **era o único**.

Felizmente, tínhamos que passar novamente por uma cirurgia, dessa vez, plástica. Veja que essa situação era boa e má ao mesmo tempo. Boa porque o Henrique estava vivo, e má porque sempre existem riscos.

Fechar o bumbum para que pudesse ser feita nova quimioterapia. Os exames antes dessa cirurgia mostravam uma vez que ainda havia 20% de células blásticas (leucêmicas) a serem eliminadas.

O BEBÊ QUE VENCEU A LEUCEMIA

Eu já não era mais tão ignorante nessa época: o medo já vinha antes do acontecimento. Odiava saber dos riscos.

Quando fomos para a cirurgia em 18 de junho de 2002, eu estava tranquila, mas já com um pouco de medo.

Dr.ª Vanessa Brandalise é absolutamente competente, sem dúvida alguma, mas estávamos falando do Henrique, um bebê cheio de surpresas e novidades para os médicos.

É, realmente não foi diferente dessa vez, durante a cirurgia eu senti uma angústia muito forte de repente. Nesse dia, não estava sozinha. Me faziam companhia o pai do Henrique e todos os avós. Como ainda amamentava o Henrique, não podia tomar muito café e tudo que eu comia era escolhido a dedo para evitar que fizesse o Henrique sofrer com dor de barriga.

Ao passar as horas, comecei a ficar irrequieta e algo com certeza estava errado. Aí começou a demora, mais do que esperávamos. Não conseguia me concentrar na conversa deles e comecei a rezar.

Horas após o acertado, pois a Dr.ª Vanessa havia fornecido uma previsão de duração da cirurgia, saiu a médica dizendo que houve complicações, uma parada respiratória de novo e uma parada cardíaca, mas que ele já estava estabilizado e precisaria passar a noite na UTI. De novo!!!

Quando pude chegar perto do meu bebê, nessa época com 6 meses, fiquei serena novamente. Tudo ficaria bem.

Eu sempre dizia que: "aqui, eu tenho que matar e comer um leão por dia, mas tem dias que mato e como dois."

Era grave, mas a plástica tinha ficado boa, pois a habilidade da Dr.ª Vanessa em fazer plástica de "ponta cabeça" foi aperfeiçoada naquele dia. Agradeço muito a ela por ter feito isso pelo meu filho.

Ela teve de fazer uma plástica de bumbum com o paciente deitado de barriga para cima. É muito raro e difícil, mas ela conseguiu.

> "19.06.02: Novos sustos... Se eu pudesse trocar com você... Sorrisos são o seu forte: Você tem um bom humor contagiante... Amanhã vamos para casa...

23.06.02: A cirurgia foi um sucesso....

28.06.02: Nosso passeio ao Shopping Dom Pedro foi muito legal. Você estava em seu carrinho sentado: finalmente seu bumbum sarou. Ainda está com os pontos, mas logo tirará..."

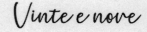

Vinte e nove

O PRIMEIRO CATÉTER: MAIS QUE LOUCURA

Desde o início do tratamento, não houve a possibilidade de usar um cateter para o tratamento do Henrique. Aquele intracth do início quando tivermos alta foi retirado. Na UTI, não conseguiram fazer um por conta do choque séptico e do respirador, mas agora tinha que ser feito.

Ele vivia sendo furado, com flébors, intracath, acesso por veias comuns e, tendo em vista a gravidade de seu estado de saúde, isso foi uma dificuldade para que a medicação entrasse em seu pequeno corpo.

Mas, agora, após todos esses fatos e tendo sobrevivido até onde **nenhum bebê chegou**, resolveu-se colocar o cateter implantado para minimizar as dores do bebê e continuar o tratamento.

Assim no dia 04.07.02, fomos para o Hospital Boldrini e lá, como a equipe do centro cirúrgico, competentes como sempre, já nessas alturas, brincavam: "Lá vem o Henrique Rodrigues Vera...!"

Tudo correu super bem e permaneceríamos internados para que a quimioterapia recomeçasse.

Trinta

MILAGRES:
ELES EXISTEM SIM

Eu usava uma outra frase que é muito propícia firmar: "não existe milagre pela metade". Realmente, eu estava certa!

No tratamento, as formas de ingresso em sessão de quimioterapia têm um procedimento todo especial, visto serem drogas potentes e que devem obedecer a formas de aplicação.

No caso do Henrique, o normal seria a quimioterapia iniciar no mesmo dia às 18h00min. Entretanto, naquele dia, não seria assim.

Quando vinha se aproximando o horário da medicação, eu já me "aprontava", amamentava o Henrique, trocava sua fralda e ficava pronta para observar as diversas reações que poderiam ou não acontecer.

E nada.

Tudo bem, vamos aguardar, pensei eu, sendo sempre otimista. O que será que está atrasando isso, pensava.

Mas, à noite, quando da visita da médica, indaguei o porquê de não ter iniciado a quimioterapia naquele dia e ela me informou que não havia subido a medicação da farmácia e iniciaríamos no dia seguinte às 06h00min.

Acordei antes do horário para aguardar e: **NADA!**

Quando era próximo das 10h00min, estava super curiosa para saber por que já estava no hospital a quase um dia e não havia sido feita a quimioterapia.

De bom humor, como sempre, Henrique nem ligava e aí resolvi sair do quarto e perguntar à médica de plantão o que acontecia.

Eu apelidei de "MARIA EUGÊNIA" o suporte que carregava os medicamentos e soro, usando o mesmo nome que um participante do Big Brother daquele ano. Eu sempre estava bem-humorada e brincando com meu pequeno para relaxar.

Aí seguimos: eu, Henrique e Maria Eugênia para procurar a médica.

Encontrei de plantão a Dr.ª Marilene, a qual, sem rodeios e em tom de risada, me disse: "Olha aqui, Valéria, eu não vou te enrolar, porque você é advogada e pode ficar brava, mas na verdade, verdadeira, o que aconteceu é que não houve a prescrição da medicação na hora da alta do centro cirúrgico, depois disso, somente à noite é que a Dr.ª Vitória prescreveu e quando a farmácia estava fechada. Aí, somente às 18h00min de hoje o Henrique receberá a quimioterapia".

Eu, logicamente, não fiquei brava, achei graça, jamais culparia alguém que só estava cuidando da vida do meu filho. E ela, entendendo isso, completou: "Você passou mais um dia no hospital além do que iria passar", e eu respondi: "Ah! Se esse fosse o problema maior! Posso, então, passear no jardim do hospital com o Henrique", e ela respondeu "Claro que sim".

Após o passeio e o almoço, vem a horinha que dá para dar um soninho no hospital e, como se dorme muito pouco, tem de ser aproveitada. Eu e Henrique adormecemos.

De repente, não mais que de repente, a porta do quarto abriu abruptamente e com um supetão e vejo a Dr.ª Marilene me dizer:

"Valéria! Tenho uma ótima notícia para você, encontramos um doador compatível para o Henrique!"

Eu não podia acreditar naquela frase, esperei-a por tantos meses, mas ela veio. Abraçamo-nos e todos ficaram muito felizes.

Após, houve a explicação: "Você não vai acreditar, teremos de enviar uma amostra do sangue do Henrique para o hospital New York Blood Center e **AINDA BEM QUE O PEQUENO NÃO RECEBEU A QUIMIO-TERAPIA AINDA, SENÃO ESTA AMOSTRA ESTARIA PREJUDICADA."**

Vejam que aquele tal "atraso" não ocorreu de maneira nenhuma para prejudicar o meu filho, mas, sim, anjos conspiravam para que ele não tivesse nenhum prejuízo.

Após tal notícia, de pronto, informei a todos da família. A todos que se contava ninguém se continha, demonstrando todo o amor e felicidade e, mais que tudo, a esperança de resgatar o que mais queríamos a VIDA DO HENRIQUE como uma criança normal e sadia.

É certo que não tinha a menor ideia do que seria um transplante de medula óssea, bem como não tinha ideia de quanto a estrada seria difícil, mas na realidade naquele momento vivia a VITÓRIA de encontrar um doador compatível.

A compatibilidade de doador que não seja da família é rara, chega a ser de 1 para 1.000.000 de pessoas, sendo quase impossível em alguns casos ter-se tempo para a realização de um transplante.

Veja que o pessoal do Hospital Boldrini não mediu esforços para encontrar um doador compatível. Pelo que eu fiquei sabendo, a equipe de transplante havia sido mudada naquela época, e o novo responsável, ao verificar os casos que possivelmente teriam de realizar o transplante, viu que o Henrique, sendo um bebê de seis meses, poderia encontrar a compatibilidade em um "sangue de cordão".

Para os leigos, como eu era, não havia a menor ideia de qual era a dificuldade de encontrar um doador compatível. Além disso, o "sangue de cordão umbilical" é colhido do recém-nascido na hora do parto. Essa coleta registra um número muito grande de células tronco, as quais formam a medula óssea e são utilizadas no transplante.

Entretanto, para um transplante em adultos, talvez a quantidade de células não seja suficiente, mas de bebê para bebê, aí sim, é possível mesmo.

Com base nisso, o responsável pelo departamento de transplantes do hospital Boldrini na época enviou um fax para o hospital de Nova York, e com o HLA em mãos aquele hospital informou que havia um material de cordão umbilical com as mesmas listagens de DNA, sendo compatível em 100% com o do Henrique.

O BEBÊ QUE VENCEU A LEUCEMIA

Só ficamos sabendo até hoje que a doadora do sangue de cordão era uma menina que tinha um ano de idade na época. Essa doação normalmente não é identificada. Mas tenho certeza de que a "irmã de medula" do Henrique salvou a vida dele. Obrigada a ela por isso.

Meu pequeno bebê teve o amparo de "Deus" para que pudesse perpetuar o milagre de sua vida.

> "05.07.02: Hoje tivemos uma maravilhosa notícia: você encontrou um doador compatível. Nós não tínhamos um doador em nossa família... Agora seus sonhos poderão ser realizados: você pode ter uma vida normal após o transplante. É lógico que teremos que correr por uma estrada difícil. Mas a vitória está perto..."

Trinta e um

A COLETA DO SANGUE E A FEDEX

Após comunicarmos a todos, houve uma pequena reunião entre mim, o pai do Henrique e Dr.ª Vitória no quarto naquela noite.

A explicação dela nos foi ao menos estranha, pois tudo era muito novo. Ela nos informou que para que fizéssemos o transplante deveríamos providenciar meios econômicos para que o material fosse trazido dos Estados Unidos para o Brasil.

A médica também foi clara ao dizer que deveríamos aguardar em casa até a segunda-feira, quando internaríamos novamente para a coleta do sangue da contraprova que seria enviado para o Hospital New York.

Para que fosse possível o envio do sangue, material biológico que tem de ser enviado com urgência, era necessário o aval do Ministério da Agricultura, setor do aeroporto de Campinas, o qual estava em greve naqueles dias.

Nova batalha para tudo!

Durante o fim de semana, houve uma verdadeira maratona para que pudéssemos encontrar meios possíveis de enviar o sangue aos Estados Unidos na segunda-feira, sendo que era imprescindível o envio para que Henrique iniciasse a nova quimioterapia. A leucemia não iria esperar.

Contatamos várias pessoas e amigos, sendo um deles o Queiroz, meu amigo que trabalhava para o governo federal no aeroporto e nos indicou vários nomes para nos ajudar.

O BEBÊ QUE VENCEU A LEUCEMIA

Na fadada segunda-feira, dia 8 de julho de 2002, chegamos cedo ao Hospital Boldrini e, como sempre, estava lotado de crianças que precisavam de atendimento. Dr.ª Vitória mandou que esperássemos no ambulatório para recolher a amostra do sangue e enviá-la ao aeroporto e seria entregue à FEDEX que mandaria para Nova York.

Naquela situação, já havíamos nos informado que o avião sairia às 16h00min e por isso o material deveria estar lá antes das 14h00min.

Mas, para nossa surpresa, a hora passava e nada acontecia. 9h00min, 10h00min, 11h00min, 12h00min, 13h00min... eu estava apavorada nessa hora, afinal, não poderia fazer nada sem enviar o sangue.

Mas nada acontece na hora errada, os planos não são nossos. Na última hora, houve a coleta de sangue e o pai do Henrique teve de correr mais do que nunca com o carro até o aeroporto para embarcar o sangue.

Conta ele que o avião já estava na pista para decolar, quando informaram a urgência do caso à torre de controle. A torre, então, mandou o avião parar com um Código Vermelho para que fosse possível a entrega do recipiente com o sangue à aeromoça no avião.

Conta ele ainda que, numa correria só, o pessoal da FEDEX, empresa mundialmente conhecida por sua capacidade na entrega de encomendas, foram os principais atores desta parte da história, sendo prontos para resolver tudo para que você não precisasse sofrer a espera ainda mais. A greve seria um problema, caso a Fedex não relatasse o envio de material biológico para Nova York. Mas não tinha tempo e tudo ocorreu a não prejudicar a vida do Henrique.

No hospital, eu e Henrique ficamos internados, aguardando o retorno via celular do papai para que fosse possível o início da quimioterapia. A espera era dramática, pois não sabíamos o que acontecia lá fora do hospital. **Mas quando o meu telefone celular tocou** e houve a confirmação de que o sangue havia sido embarcado, tudo foi alegria.

Tia Vânia, nesse ínterim, procurava informações quanto a alguma médica daquele hospital em Nova York que falasse português e que pudesse nos ajudar com informações. Ela fez manobras, com a ajuda da secretária de nosso amigo Atílio, que possuía uma escola de inglês, eles ligaram para o hospital de Nova York.

Ela conseguiu contatar Dr.ª Carmelita Carrier, porto-riquenha, que falava portunhol, que foi absolutamente prestativa e capaz de nos esclarecer como funcionaria o processo de realização da contraprova do sangue e de remessa do sangue de cordão umbilical da doadora para o Brasil.

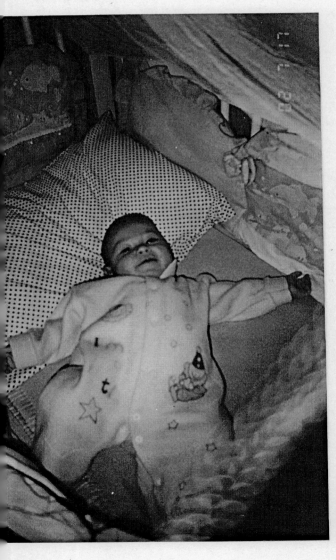

Henrique em casa em seu berço era só sorrisos!

Trinta e dois
NOVA INFECÇÃO

Novamente, houve a quimioterapia e após ela, a infecção. É certo que foi mais branda, mas não menos preocupante.

Apesar de sabermos que era a mesma bactéria, se a medula não voltasse a produzir logo, com certeza, teríamos problemas. Meu maior medo era a bactéria resolver comer mais algum pedaço do meu bebê.

> "21.07.02: Hoje é domingo e tivemos a notícia de que está com outra infecção... Estamos no hospital desde ontem... Deus estará do nosso lado e guiará nossos passos..."

Seis dias se passaram até que a notícia fosse realmente boa: a medula voltou a produzir! Agora, entraríamos em **primeira remissão**, que significa que a medula óssea está produzindo sangue sem células cancerígenas. Esse período de primeira remissão é essencial e único, para que seja viabilizado o transplante.

O transplante de medula óssea constitui terapêutica eficaz no tratamento da leucemia mieloide aguda. Os melhores resultados são em pacientes submetidos ao procedimento enquanto em primeira remissão.

Eu não sabia, porém me disseram que a primeira remissão é a melhor, pois as chances de transplante nesse período são facilitadas.

Quem acredita que esse lindo bebê iria passar por um transplante de medula óssea?

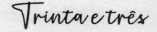

DOS ENTRAVES BUROCRÁTICOS E FINANCEIROS

Como se sabe tudo é mais difícil quando o custo é maior. A burocracia era grande para que o transplante pudesse ser realizado no Hospital Boldrini.

Havia uma regulamentação do ministério da saúde que não autorizava o Boldrini a efetuar o transplante de medula óssea quando o doador não fosse parente do receptor. Transplantes não aparentados não eram permitidos lá e nunca tinha sido realizado.

Eu não sabia disso. Aliás, como sempre, a ignorância é nossa amiga. Mas tive que começar a verificar tudo isso, afinal, meu filho iria precisar de um transplante e tudo isso era importante de repente.

Nesse passo, também havia vários problemas financeiros para a realização do transplante no Hospital Boldrini, pois, na verdade, teríamos de arcar com valores para pagamento do material recebido dos Estados Unidos, transporte, medicamentos não cobertos pelo plano de saúde, internações e muito mais que não tínhamos nem ideia de quanto seriam.

Até aqui, nosso convênio e os gastos extras estão sendo resolvidos. Mas eu não estava trabalhando desde abril de 2002, já estávamos em julho e eu não tinha recebido mais nada, pois sou profissional liberal. O pai do Henrique ganhava pouco na época. Não tínhamos bens ou dinheiro guardado que fosse suficiente para arcar com essas despesas.

Assim, a situação não era fácil, teríamos de fazer o que fosse preciso, mas estávamos limitados a fatores externos e ao dinheiro.

Trinta e quatro

E O QUE FAZER?

De início houve a vontade e o esforço de todos para que possibilitasse o transplante perante o Hospital Boldrini, mas isso não era suficiente.

Falaram na época em mais de R$ 45.000,00 somente para trazer o sangue de cordão para o transplante. Minha irmã Vânia tinha vendido um imóvel e colocou esse valor a disposição para o Henrique. Que engraçado não! O valor era certinho aquele que precisaríamos de início.

Mas só isso não seria o suficiente.

Só para esclarecer, o sangue de cordão compatível localizado estava no hospital de Nova York, em um banco público. Não que os americanos cobrassem pelo material doado pela mãe na hora do nascimento do filho, mas o valor somente era relativo ao armazenamento do material pelo hospital. O New York Blood Center na época não fazia parte do Redome – Registro Brasileiro de Doadores Voluntários de Medula Óssea, que é o cadastro nacional de doadores de medula óssea e tem contato com todos os bancos internacionais.

Mas nosso medo era que, se para ter um material biológico, era tão caro e o restante como pagar?

Começamos a sentir que não haveria possibilidades financeiras de arcar com o pagamento de tudo, mesmo que desfizéssemos de nossa única casa e carros não seriam suficientes para custear o transplante, bem como ainda faltava a tal autorização para que o Boldrini fizesse o transplante.

Aliás, essa autorização nos nem sonhávamos que inexistia, na verdade, nós ficamos sabendo bem depois, e informalmente, não tínhamos conhecimento disso.

É difícil dizer, mas nos sentimos nesses momentos desprotegidos e perdidos, pois não havia por parte de ninguém a explicação real dos fatores e possibilidades, sendo que ficamos à mercê da nossa própria consciência e contatos para continuar o processo para a cura total do Henrique.

Partimos, então, para procurar outra forma de efetuarmos o transplante.

"12.08.02: Hoje completamos 4 meses de seu tratamento médico. Você nem parece doente agora: está corado, engordando, comendo bem. Dorme quase como antes, sem medo e em seu quarto. Durante todo esse período você foi um vencedor: não se abateu e teve muita coragem... Eu, de outro lado, aprendi várias coisas tais como: ter mais paciência, ser mais mãe, curtir cada segundo da minha vida a seu lado. Você tem ensinado muito a todos nós. Seu sorriso é a porta de um mundo encantado. Te amo muito filho."

Comemoração de 4 meses de tratamento

Trinta e cinco

COMO É BOM TER AMIGOS

Durante o tratamento do Henrique, tive contato com inúmeras mães e crianças, sendo que nem sempre houve êxito no tratamento de seus filhos. Era uma dura realidade para mim.

Mas, em especial, uma pessoa se tornou muito amiga minha: Suzi que trabalhava no fórum, se formou comigo na faculdade e eu a conhecia de lá por ser advogada, mãe do Artur, um menino de dois anos e meio.

Encontramo-nos no Boldrini por um acaso do destino, se é que existe acaso. Nos víamos esporadicamente. O tratamento de seu filho era de leucemia linfoide e esse tratamento era diferente daquele que Henrique tinha. Departamentos diferentes, dor igual.

Realmente nada é por acaso na vida, e, nesses dias de tanta apreensão e medo, a situação era difícil para nós, uma vez que precisávamos encontrar rápido uma forma de efetivar o transplante do Henrique.

Perambulando pela enfermaria e indo para a brinquedoteca, encontrei-a no corredor e lhe contei todo o meu medo de não poder pagar pelo transplante que salvaria a vida do meu bebê.

Aí, para minha surpresa, como num passe de mágica, ela me disse: "Valéria, eu conheço um amigo que pode lhe ajudar. Ele já fez transplante, pois esteve doente e por isso conhece todos nessa área e poderá lhe indicar o que fazer. O nome dele é Juarez e ele trabalha na Unicamp – Universidade Estadual de Campinas".

O BEBÊ QUE VENCEU A LEUCEMIA

Novamente, Deus colocou em nosso caminho outro ANJO que nos guiaria.

Juarez, de pronto, me atendeu por telefone e me orientou, parecíamos amigos de longa data. Ele me informou nomes e telefones, explicando-me tudo que era necessário para a realização de um transplante de medula óssea no Rio de Janeiro no Instituto Nacional do Câncer (Inca).

Na verdade, não havia ouvido falar naquele hospital até aquele dia, mas ele me orientou a procurar a assistente social do hospital, me fornecendo o telefone e nome, além disso, forneceu-me o telefone direto do diretor do Centro de Transplante de Medula Óssea, Dr. Daniel G. Tabak.

Ele me disse ainda que, primeiro, deveria tomar o caminho das pedras e falar com a assistência social, explicar o caso de meu filho, a gravidade e a urgência.

Após isso tudo, cada dia era uma eternidade. A corrida era contra o tempo. A remissão poderia se modificar e tudo poderia ficar perdido.

Paralelamente, eu seguia com o acompanhamento com o Hospital Boldrini, o qual queria fazer o transplante do Henrique em suas dependências, porém encontrava entraves tanto burocráticos, junto ao Ministério da Saúde, e financeiros, pois meu convênio médico tentaria obstar os gastos com esse tipo de tratamento e eu e minha família teríamos de desembolsar valores astronômicos que não possuíamos.

Como não tínhamos os recursos suficientes, fixei-me em buscar transplantar o Henrique no Inca e todos os dias eu ficava no telefone para conseguir que fosse possível o seu ingresso no hospital.

A forma para que o transplante fosse realizado no Inca era diferente da qual fomos admitidos no tratamento do Boldrini. Existia uma fila e a prioridade do Henrique poderia não ser tão grande assim. Mas eu não iria deixar de lutar.

O Redome é um cadastro nacional de doadores de medula óssea, mas o hospital que estava em posse do material biológico do doador compatível do Henrique não fazia parte do cadastro.

Por isso, nós tínhamos que pagar para que fossem cobertos os custos que o Hospital tinha para armazenar e enviar o sangue de cordão umbilical do doador, isso se o transplante fosse no Boldrini, mas, se fosse no Inca, o Ministério da Saúde, por meio do Centro de Transplante de Medula Óssea (Cemo), arcaria com essa despesa e não teríamos esse problema, pois tomariam as providências.

Todos os dias em que eu ligava para o Inca para falar com a assistência social ela me informava que eu precisava ter um "relatório médico atualizado do paciente".

Eu, então, resolvi me informar no Hospital Boldrini, porque o Redome não tinha recebido tal relatório, mas as respostas eram de que havia sido enviado. Aquela situação que a gente não sabe para onde correr eu vivi naquele momento, mas não desisti.

Como eu não sabia o funcionamento do sistema, após cada ligação, ficava mais angustiada e todos os dias o problema do tal relatório.

Passada mais de uma semana, minha paciência acabou e entrei em contato com o então diretor do Centro de Transplantes de Medula Óssea do Inca, Dr. Daniel G. Tabak, o qual me atendeu com muito interesse e dedicação.

Hoje, sei que ele é assim com todas as pessoas que o procuram, sempre prezando por atender aqueles que estão nessa situação tão difícil. Lamento muito por ele não estar mais no hospital, pois é um médico reconhecido internacionalmente e especial, um diretor incomparável e um ser humano como poucos que conheço.

Quando lhe transmiti toda a situação, ele me tranquilizou, dizendo: "Fique tranquila que transplantaremos o Henrique aqui no Rio de Janeiro, mas precisamos verificar algumas pendências e me ligue na próxima semana, na quinta-feira de manhã, e lhe posicionarei."

Finalmente, alguém me deu uma resposta importante. Eu estava tão confusa, pois no Boldrini me diziam uma coisa e a assistente social me dizia outra, já não sabia mais o que fazer. Finalmente, uma data: próxima quinta-feira.

O medo maior era que, se o Henrique voltasse a produzir células blásticas, com certeza perderíamos nosso filho, pois, enquanto ele estivesse bem, poderia ser realizado o transplante, caso contrário, a morte poderia ser certa.

E eu, na minha ignorância, não sabia quanto tempo tínhamos e ninguém nos dizia ao certo e hoje eu entendo que os médicos nem sempre sabiam as respostas às minhas perguntas. O Henrique era o ÚNICO A CHEGAR TÃO LONGE NO TRATAMENTO.

Bem, mas aí eu tinha uma data, quinta-feira, e ela demorou a chegar.

Nesses dias, continuava a tratar o Henrique normalmente, ele era uma criança ativa, alegre, adorava assistir à televisão, já com 8 meses nessa época. E cada dia uma eternidade de alegria e apreensão. Alegria por tê-lo conosco e apreensão por não saber na verdade o que iria ocorrer.

"08.09.02: Hoje é aniversário da mamãe. Será seu 1º dia em que terá visitas mais de duas pessoas de cada vez. Neste mês tivemos um churrasco e tudo correu bem. Nossos passeios têm sido vários...É claro que temos medo de sair com você... mas fazemos todos passeios em dias que são de menor movimento. Você adora passear, fica muito alegre e dá muitas risadinhas."

"14.09.2002: Hoje é seu aniversário de nove meses. Você está ótimo, nem parece que precisará de transplante. Hoje falei com o Rio de Janeiro...Como vai dar tudo certo, está demorando um pouco para que aconteça... Deus está preparando tudo para que dê certo... Parabéns... te amo."

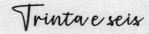

A TAL QUINTA-FEIRA

Era engraçado, mas naquela manhã eu estava absolutamente absorvida pelo relógio. Não via a hora de chegar perto das 11h00min e ligar para Dr. Daniel para sabermos o que fazer.

A hora chegou e liguei mais rápido que pude. Ele do outro lado, sempre gentil e educado me disse: "Olha, Valéria, nós precisamos de um relatório médico detalhado sobre a situação do Henrique no ponto de vista clínico, dos médicos que o acompanham aí. Então, verifique com a médica responsável para que isso seja providenciado. Paralelamente a isso, fique tranquila, já estamos em contato com o Hospital de Nova York para que seja possível a remessa da medula. Assim que estiver aqui, lhe posiciono. Então, nos falamos de novo na próxima quinta."

É uma imensa alegria ouvir alguém e confiar que tudo estava sendo providenciado para a cura definitiva do meu filho. É verdadeiramente um bálsamo para o coração.

Essas palavras me confortaram e me deixaram ao mesmo tempo louca da vida. É óbvio que ainda não havia sido enviado o tal relatório, então, teria de exigir no Hospital Boldrini para que fosse enviado o documento.

E lá fui eu.

Chegando ao Boldrini, tentei falar com a médica responsável pelo Henrique, mas ela estava em reunião. Aí falei com a Dr.ª Marilene que me informou que o pessoal responsável pelo TMO (transplantes de medula óssea) não tinha a ver com ela, mas que ela mesma passaria o recado para que fosse enviado o relatório para o Rio de Janeiro o mais rápido possível.

E mais uma semana de angústia se passou até que na quarta-feira conseguimos contato com o Hospital de Nova York e a Dr.ª Carmelita informou que a medula já havia sido enviada para o Inca no Rio de Janeiro.

QUE ALEGRIA A NOSSA EM SABER QUE AS COISAS IAM SER RESOLVIDAS.

Na quinta, liguei para o Dr. Daniel e ele me informou que ainda não havia recebido o relatório, mas que tudo estava sendo acertado e que já tinha contatado Nova York. Ele não sabia que nós já havíamos falado com a Dr.ª Carmelita e que tudo corria bem para a realização do transplante do Henrique até o fim de setembro.

Mais tranquila sobre a situação, mas absolutamente irritada com a demora do envio do tal relatório, novamente, contatei o Boldrini sem resposta.

Hoje, compreendo que realmente todo o relatório que o hospital fornece é de extrema importância e principalmente no caso do Henrique não seria um simples relatório, mas um verdadeiro livro, pois foram tantas situações difíceis que ele passou que não seria fácil explicar tudo.

Trinta e sete

UMA ESTRANHA REUNIÃO

Nesse impasse em saber o que ocorria para não enviarem o tal relatório, no dia seguinte, para meu espanto, era mais ou menos 11h00min quando o telefone de minha casa tocou. Nessa época, o telefone fixo ainda existia.

Era sexta-feira e ao telefone Dr.ª Vitória pedia que eu e meu marido fôssemos ao Hospital para uma reunião naquela hora.

Não sabia por que isso iria acontecer, mas liguei rapidamente ao meu marido e ele ficou de nos encontrar na porta do hospital, afinal, ele estava trabalhando e utilizaria o horário do almoço para tal reunião.

Eu, então, peguei o pequeno Henrique e me dirigi ao Hospital Boldrini.

Quando lá chegamos, fomos direcionados à sala da Dr.ª Vitória e, ao adentrar, encontramos um outro médico, possivelmente Dr. Aranha, não me lembro bem, que nos foi apresentado como o responsável pelo centro de transplantes do hospital.

A pergunta dela me intrigou e até hoje não sei por que houve aquela reunião, ela disse: "vamos transplantar o Henrique?". Eu respondi que sim, mas que o transplante ocorreria no Inca.

Ela arregalou os olhos e me perguntou: "lá está tudo pronto?". Eu disse: "provavelmente, vamos no final do mês, pelo que me informou o Dr. Daniel, somente está faltando um relatório que não foi enviado por vocês".

Ela pareceu espantada, como se não soubesse de nada, mas, para minha surpresa, ela então encerrou a reunião dizendo que o que precisássemos que entrássemos em contato.

Reforcei o pedido do relatório e o outro médico me disse que enviaria o mais breve possível.

Saí de lá com a certeza de que tudo estaria resolvido, que meu filho seria transplantado no Rio de Janeiro e que eles me ajudariam com o tal relatório.

Nas semanas que seguiram, no hospital Boldrini, realizamos todos os exames que levaríamos para o Rio de Janeiro, inclusive a colocação de um novo cateter, e pelo menos dessa vez o Henrique não teve de passar pela UTI para uma "visitinha".

Tudo corria como o planejado. As expectativas eram enormes, mas, como sempre, a esperança e a confiança em "Deus" me confortavam. É óbvio para mim hoje que a ignorância fora minha aliada.

Na vida, temos que confiar sempre em "Deus" e entregar nossa vida a ele.

> "20.09.02: Esta semana foi conclusiva... Tudo correu muito bem... Estou arrumando nossas malas: embarcaremos na nova etapa com você... essa etapa será vitoriosa... A vida vai recomeçar no dia que você receber as novas células tronco... a vida terá uma nova cor."

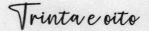

Trinta e oito

O QUE EU ACHAVA DA IDA AO RIO DE JANEIRO? CHEGADA AO INCA

Como eu saliento sempre, a ignorância é a melhor companhia nessas horas.

Eu acreditava que a nossa ida e estadia no Rio de Janeiro seria pequena, talvez no máximo de dois meses. Ah, dizia eu: "no Natal, estaremos de volta à nossa casa e família".

Mas, na verdade, o transplante não seria tão fácil assim, e só com o passar dos dias eu poderia mensurar o que iria acontecer.

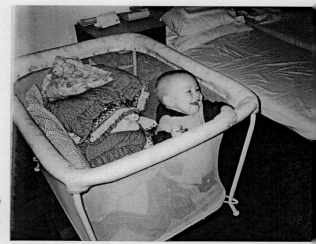

Chegamos ao Rio de Janeiro... A reta final!

Ao chegar ao Rio de Janeiro, fomos acomodados em um hotel chamado Rios Presidente, sendo recebidos com muito carinho pelos atendentes. Tal hotel tinha um andar reservado aos pacientes que vão receber transplante de medula óssea. Estava localizado no centro, próximo à praça Tiradentes e aos teatros.

O hotel é muito bom e as instalações do andar tinham até uma pequena cozinha para os pacientes e acompanhantes. É certo que o hospital fornece a todos, pacientes e acompanhantes, todas as refeições, transporte e alojamento, tudo por conta do Sistema Único de Saúde (SUS) que funcionava muito bem nessa época.

Não é brincadeira não, mas naquela época o governo tinha como Ministro da Saúde José Serra, o qual mantinha o hospital muito bem equipado e com toda estrutura necessária para o tratamento do câncer e realização de transplantes.

Eu não esperava tão boa coisa assim, afirmo, mas, para uma situação realmente nova e em uma cidade desconhecida para mim, foi ótimo ter onde acomodar meu filho que estava com nove meses de idade.

No dia 24 de setembro de 2002, chegamos ao Hospital do Câncer, que é o Instituto Nacional. Pensem... é grande mesmo.

O centro de transplante de medula óssea ocupava dois andares desse hospital, e quando lá chegamos, fomos atendidos pela Sidiléia e sua irmã Selma, pasmem, fomos tratados de maneira muito especial, com muita atenção e pelo nome. Eu fiquei impressionada, pois é lógico que não esperava tanta dedicação de funcionários e hospital público: parecia Suíça.

A ideia que nos é passada sempre é que funcionários públicos são pessoas de mal humor, que não trabalham muito e que são absolutamente impessoais no tratamento com as pessoas: grande engano, pelos menos nos locais que passamos sempre fomos atendidos muito bem.

Logo, fomos encaminhados para a entrevista com o Dr. Daniel G. Tabak, o qual sempre me foi pronto ao telefone e sem me conhecer

O BEBÊ QUE VENCEU A LEUCEMIA

parecia que já nos conhecíamos há tanto tempo. Um médico maravilhoso tanto no contato de telefone quanto pessoalmente.

Ele ficou espantado quando fomos apresentados, pois o Henrique era um "bebezão" lindo, gordo e cheio de sorrisos, que ainda era amamentado no peito. Henrique é cativante desde o primeiro contato até hoje.

Sua frase inicial foi: "é bom que ele ainda se alimente de leite materno, isso será ótimo para o pós-transplante".

Nessa hora, me lembrei do esforço que havia feito na época da UTI do Boldrini e da orientação que a médica me deu em parar de amamentá-lo, a qual não obedeci. Ainda bem que eu não deixei de acreditar em Deus em um só momento, pois isto que me deu forças para manter firme o meu propósito para a cura do Henrique.

Entretanto, quando comecei a explicar todos os pormenores do caso, que o Henrique havia tido apneias respiratórias em centro cirúrgico, tinha tido passagens pelo Centro Cirúrgico, choque séptico, que havia sido acometido pela Síndrome de Fournier e pela bactéria pseudomonas, flébors e por mais detalhes, houve uma enorme surpresa por parte do Dr. Daniel, o qual parecia não ter sido alertado sobre nada disso.

Então, num supetão, perguntei a ele: "O relatório médico enviado pelo Boldrini não explicava tudo isso?"

Ele, absolutamente ético, disse que o relatório era um pouco conciso e breve e que não tinha todas as informações que nós estávamos passando.

Assim, eu, muito intrometida e preocupada, pois todas essas informações eram para mim imprescindíveis, pedi licença a ele para ler o relatório enviado.

Para minha surpresa, não era nada do que eu esperava. Fiquei absolutamente insegura nessa hora e lhe sugeri se não seria bom que o Boldrini enviasse um outro relatório mais completo.

Ele, novamente muito ético, não mencionou naquela hora a necessidade do prontuário médico, dizendo que necessitada somente

105

da informação detalhada da colostomia, posto que seria importante para o transplante todos os detalhes.

Mas eu fiquei transtornada e temerosa, dizendo ao meu marido que achava que devíamos pedir uma cópia total do prontuário médico, pois somente assim teríamos a certeza de as informações serem absolutamente fiéis e completas sobre o tratamento do pequeno Henrique de apenas 9 meses de idade.

Vejam que no relatório médico que fora enviado pelo Boldrini nada constava das apneias, da colostomia se falava brevemente e da internação em UTI também nada se pronunciava, posto que o Henrique havia ficado entubado e tudo, com choque séptico e mais coisas que eu não sabia descrever, pois não sou médica.

Então, daquele momento em diante, firme era meu propósito de conseguir informações perante o Boldrini e passá-las ao pessoal do Centro de Transplante, pois o Henrique não era apenas um caso de leucemia mieloide aguda M7, ele era: o ÚNICO SOBREVIVENTE nesse tipo de doença até aquele momento; o único bebê a sobreviver a quimioterapia nesse tipo de doença gravíssima; o primeiro bebê a ter remissão e poder se candidatar à transplante de medula óssea. Ser o primeiro tem lá suas dificuldades. Mas eu estava certa de que nada impediria a nossa vitória.

> "30.09.02: No sábado dia 28 você conheceu a praia de Copacabana. Sua primeira reação foi achar grande pois não sabia para onde olhar. Depois você abriu um sorrisinho quando viu o movimento das ondas... No domingo fomos ao Corcovado... o bondinho foi uma atração... Tudo que você gosta da um sorriso... Vamos internar na terça-feira...Papai foi para Campinas... essa é uma história a parte... mas tudo que for essencial para o seu tratamento nos faremos sem pensar. Tudo por você."

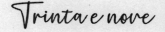

A BUSCA E APREENSÃO DO PRONTUÁRIO

Eu estava disposta a manter a vida de meu filho de qualquer forma e, naquele momento, achava que o prontuário médico era a única forma de informar os médicos corretamente sobre tudo que aconteceu com o Henrique.

Nessa época, não existia a lei de acesso ao prontuário médico por parte do paciente. Isso só foi regulamentado em 2015. Lembrem que estamos em setembro de 2002 e o Henrique só tem 9 meses de idade.

Tentei várias ligações pedindo explicações para os médicos do Boldrini, os quais me davam respostas, sempre foram prontos, mas, não sei bem o porquê, não havia segurança em nós para que prosseguíssemos sem o prontuário completo.

Assim, por ser advogada e lutar sempre para que a mudança nas leis possa beneficiar as minorias, no dia 30 de setembro de 2002, resolvi rascunhar um pedido de busca e apreensão do prontuário médico e meu marido levou para Campinas, deixando eu e o bebê sozinhos nesse momento tão difícil.

Eu estava absolutamente temerosa, pois o Henrique iria ter de ingressar em centro cirúrgico de novo no dia 1 de outubro, sendo anestesiado e enfrentando o risco de uma apneia respiratória, assim como acontecia quando eu entrava no centro cirúrgico do Boldrini.

Então, visando evitar esses riscos, o pai do bebê teve de utilizar da Lei para que obtivesse o prontuário. Eu fiz um rascunho do pedido de liminar lá no Rio e o pai do Henrique levou de volta para Campinas, onde nossa amiga e advogada Rosangela de Mattos, que é irmã de minha cunhada Rita, a qual fez a petição e conseguiu a liminar.

Não foi fácil, o hospital, por não ser obrigado por Lei, achava que não era obrigado a entregar esses documentos e até hoje eu ainda não entendo o porquê houve a dificuldade de fornecimento das informações, mas, no final, conseguimos.

Corremos contra o tempo, pois o pai do Henrique chegou 10 minutos antes de o pequeno bebê entrar no centro cirúrgico naquele dia 1 de outubro. Eu estava aflita e morrendo de medo, mas a correria valeu a pena.

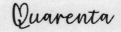

O QUE É UM TRANSPLANTE DE MEDULA ÓSSEA?

O Cemo montou uma estrutura excepcional para o transplante. No Inca, separou uma sala de isolamento dentro da UTI pediátrica. Os enfermeiros do centro de transplante se revezavam, então, tínhamos diariamente dois enfermeiros especialmente para estar ao lado do Henrique, dia e noite. Eles foram muito minuciosos para que tudo desse certo. Eu estava profundamente comovida com a dedicação e a preocupação evidentes na equipe médica em relação à vida do meu filho.

Para fazer o transplante, primeiro precisamos "matar a medula do Henrique", com a quimioterapia. Ela não pode ter nenhum pequeno pedacinho vivo, pois isso poderia indicar risco de a leucemia voltar e pegar a medula nova. Essa quimio é muito mais agressiva e decisiva para que a nova medula "pegue".

É como lidar com um vaso de planta contaminado; primeiro, você precisa eliminar o que está destruindo a planta com um veneno e, depois, adubar para que ela cresça forte. No caso do transplante, é um processo semelhante. A medula do paciente, que precisa ser eliminada, é substituída por uma medula nova, que deve utilizar as instalações já existentes para funcionar adequadamente. Uma verdadeira complexidade, não é mesmo?

Dessa forma, Henrique passou por dez dias de quimioterapia. Após a completa destruição da medula antiga, ele recebeu o transplante de medula nova.

Nosso bebê estava no quarto dia de quimioterapia pré-transplante. Ele sempre de bom humor, seguia em frente...

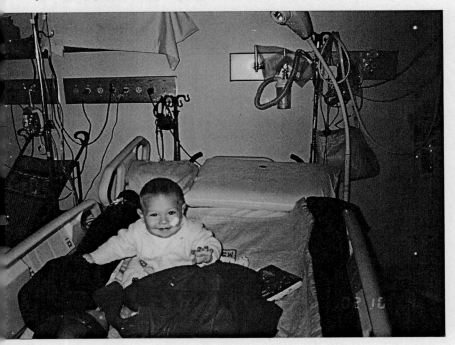

Na verdade, eu não tinha a menor ideia de como seria o tal transplante, pois eu não sabia se era uma cirurgia ou um procedimento. Achava ser uma cirurgia. Pensava que era feito com um corte nas costas e com introdução das células-tronco na espinha. Que era no centro cirúrgico e depois o meu bebê voltaria com uma enorme cicatriz para curar.

Não era nada disso. O transplante de medula óssea nada mais é do que uma transfusão de sangue, só que diferente.

Meu bebê teve de colocar um cateter próprio para que o sangue que ele ia receber entrasse em seu corpinho por essa veia e depois as células tronco iriam para se alojar na medula óssea.

A infusão é administrada através de um acesso venoso, que no caso do Henrique era pelo cateter. A infusão leva em torno de uma hora e geralmente não causa dor. As células-tronco hematopoiéticas chegam à medula óssea, na qual restabelecerão a produção normal de células sanguíneas; esse processo é chamado de enxertia.

O sangue que Henrique recebeu continha células-tronco retiradas do cordão umbilical da doadora de Nova York. Essas células foram extraídas quando o doador nasceu, congeladas e armazenadas, sendo posteriormente enviadas ao Inca para o transplante.

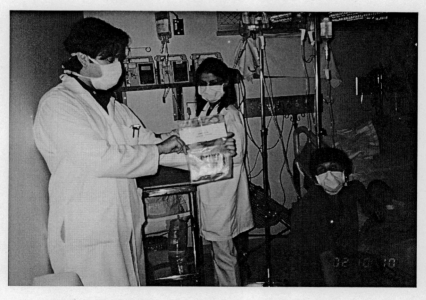

Na hora do transplante, o sangue é descongelado em um local próprio e aspirado com uma grande seringa, sendo depois injetado no cateter do pequeno bebê.

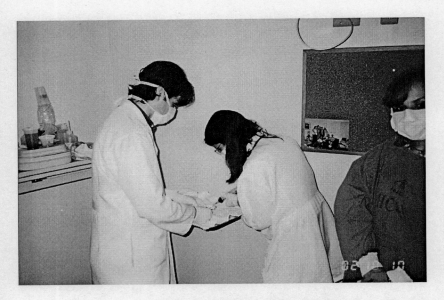

Essa é a medula óssea. Ela foi transportada, descongelada e depois com uma seringa retirada para ser colocada no cateter do Henrique.

Nesse momento, existem várias reações que alteraram a pressão, os batimentos do coração e até pode haver um estado de choque ou levar até a morte. Uma situação bem grave.

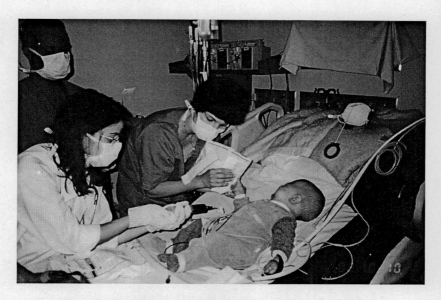

Esse é o exato momento do transplante de medula óssea.

Bendita ignorância que sempre me auxiliou. Com o meu bebê, tudo era novidade, mas, após algumas reações previstas pelos médicos e até mesmo brandas, ele logo estava bem de novo.

Aí, começava a derradeira batalha na vida de Henrique. O transplante, sua única esperança de sobreviver, tornou-se a aposta-final; se fosse bem-sucedido, todos os desafios enfrentados valeriam a pena.

"10.10.02: Hoje é o grande dia. Você renasceu! Seu novo aniversário será comemorado daqui a um ano neste dia. Você terá 2 aniversários.... Você recebeu as células às 14h00min e sua reação foi amena... teve algumas reações a quimio... já está sem comer... Mas com fé em Deus tudo será temporário... Estamos felizes por sua nova fase que será vitoriosa como todas foram..."

Quarenta e um

O PÓS-TRANPLANTE

Tudo era novidade para nós, cada reação do pequeno bebê era realmente algo imprevisto.

Apesar da incrível habilidade dos médicos do Inca, tanto os especialistas em UTI quanto os profissionais recrutados para o transplante, todos experts no campo de transplantes de medula óssea, Henrique era o primeiro bebê a alcançar essa etapa.

Tudo que acontecia com ele era novidade.

E logo nos primeiros dias, tudo começou a ser diferente, a primeira coisa que aconteceu foi que meu bebê não estava mais tão disposto a brincar, ficava mais quietinho e quando brincava logo queria um colinho para relaxar e mamar.

Eu ainda tinha leite de sobra nessa época, e Henrique com nove meses se alimentava fundamentalmente com ele, pois os enjoos ainda eram muito fortes por conta da quimioterapia pré-transplante.

Mas as complicações começaram mesmo quando, após dez dias, ele começou a não se alimentar de vez. Eu ficava agoniada com isso, porque sabia que só medicamentos não seria possível.

"20.10.02: Dez dias de medula nova...estamos muito apreensivos... Te amo filho! Tudo vai dar certo!

30.10.02: [...] você está sem comer a todo esse tempo...Espero que consiga guardar leite para quando você melhorar... apesar de todos os percalços tudo está caminhando... Estou com muito medo, mas cada vez que penso nisso peço a Deus que me envie forças para conseguir segurar... você está sofrendo por estarmos presos..."

O BEBÊ QUE VENCEU A LEUCEMIA

Aí, começou verdadeiramente a luta do pós-transplante. Cada medicação oral que era necessária o meu bebê vomitava. Eu tinha de selecionar os medicamentos que iria dar a cada dia, pois ele não aguentaria se tomasse todos os remédios. Mas como selecionar se ele precisava tomar tudo? Ele não aguentaria tomar tudo?

Então, apelei para a minha face de mãe e, a cada manhã, quando eram listados os resultados dos exames: fígado, rins, taxas de hemoglobina e demais, eu perguntava ao enfermeiro de plantão quais remédios o Henrique iria tomar e para que cada um servia.

Sem os enfermeiros saberem e bem discretamente, por várias vezes seguidas, eu deixei de dar alguns remédios, jogando-os na pia do quarto. Não aconselho isso a ninguém e nem me orgulho disso, mas fiz uma opção.

Eu estava ciente do risco ao tomar essa decisão, mas, dada a difícil situação do meu pequeno bebê de 10 meses, optei por seguir adiante.

Os riscos de morte eram tão iminentes naquele momento que cada ação que eu tomava para proteger o bem-estar do meu filho era impulsionada pela minha fé e pela confiança na competência da equipe de transplantes.

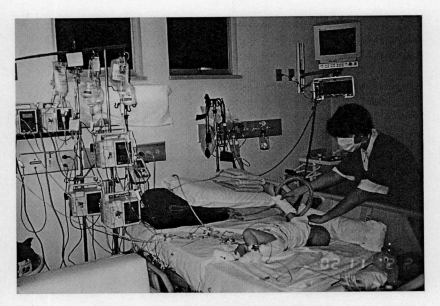

Todos esses aparelhos ao lado da cama mandavam medicação para dentro do corpinho do meu bebê... Ainda tinha o ar, estava difícil respirar naquele momento...

Já estávamos "presos" no quarto da UTI há 30 dias, quando me dei conta de que a situação somente piorava. Henrique não comia a mais de 20 dias, para que meu leite não secasse, eu tomava remédios diariamente e "ordenhava" o quanto podia.

"03.11.02: Já estamos com um mês e dois dias de internação. Você não está bem: está vomitando, com dores de barriga e com muitos medicamentos... está com uma infecção... o nome é complicado, mas a sigla é C.M.V... odeio vê-lo largado e sem ação... está dormindo agora....de vez em quando você abre os olhos para ver se estou a seu lado. Você não tem deixado que eu saia sem fazer um berreiro... nem dá para eu dormir, comer ou tomar banho... Você é muito forte... um tronquinho... com perseverança e amor tudo dará certo. Te amo."

O CMV – Citomegalovírus, que é um vírus presente no sangue, atacava todos os transplantados. Fiquei sabendo que é normal termos

O BEBÊ QUE VENCEU A LEUCEMIA

esse vírus no corpo e muitos da população o possuem, porém após o transplante ele passa a ser até mesmo letal.

Geralmente, pessoas que possuem o citomegalovírus não apresentam sintomas ou sinais claros. Mas, em pessoas com o sistema imunológico enfraquecido, o citomegalovírus pode levar a complicações sérias, como cegueira, na chamada retinite por citomegalovírus, e outras condições, como a encefalite e a pneumonia. É contagioso, então, todo o cuidado na UTI estava justificado.

O normal era o paciente ter umas 20 a 30 células de CMV, mas no caso do Henrique, nada era normal e ele teve um número tão alto que a medicação normalmente aplicada não estava sendo suficiente. Os médicos tinham que fazer o dobro para resolver essa situação. Afinal, tratava-se do Henrique, um bebê que estava enfrentando verdadeiramente todas as adversidades.

Cada dia era uma eternidade...

O quadro era trágico e me fazia lembrar dos bons dias e passeios que eu e meu pequeno bebê já tínhamos feito. Eu rezava muito. Quando não estava atarefada com as trocas e medicamentos do bebê, escrevia o diário do Henrique, o qual hoje me traz informações que nem mesmo lembrava.

E eu pensava: tudo vai melhorar. Mas não melhorava!

Em 3 novembro de 2002, eu me sentia exausta. Tudo estava tão ruim que tive medo de perder meu filho. Minha fé foi abalada momentaneamente. Ele estava com muitas dores, não dormia há três noites, não comia, vomitava os medicamentos e seu coração estava trabalhando mais devagar.

Quando cochilava durante o dia, meu bebê me olhava para ver se eu estava ao seu lado. Tantas máquinas estavam ligadas enviando medicamentos que eu nem mesmo sabia contar. O controle cardíaco era constantemente verificado, os riscos enormes. Era uma UTI a pleno vapor.

Mas Henrique, apesar disso, tudo tinha muita força e vontade de viver, lutava bravamente e tentava passar por tudo isso.

Era engraçado que, mesmo quando as coisas estavam terríveis, eu acreditava que meu filho iria sobreviver e que unidos passaríamos por tudo. Mas estava muito cansada.

Só saía de perto do Henrique por uma hora ao dia. Nesse momento, o pai do Henrique ficava no meu lugar e eu lhe dizia quais remédios deveriam ser dados ao Henrique e quais deveriam ser jogados na pia.

Certa vez, o enfermeiro Renato, maravilhoso e muito perspicaz, chegou quando eu jogava um dos medicamentos pelo ralo da pia. Ele me olhou e, após alguns segundos, me falou: "mãe, eu espero que saiba o que está fazendo. Não vou relatar isso. Confio em você".

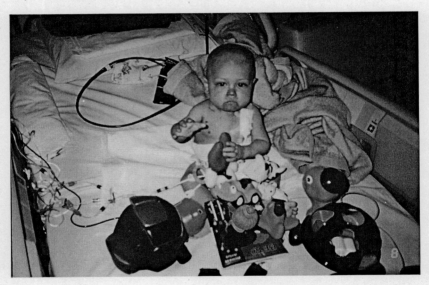

Henrique em sua pior foto...
Os dias passavam e ele só piorava...
Mas acreditem: ele ainda brincava comigo!

O BEBÊ QUE VENCEU A LEUCEMIA

Alguns novos amigos estavam presentes nesse momento, tais como Marcia e Edson, que eram membros da igreja de minha irmã Vânia, lá no Rio de Janeiro, e que, como muitos que eles pediram, atenderam ao chamado das necessidades do Henrique, doando não somente sangue e seus componentes, mas também o carinho que necessitávamos para nutrir nosso coração.

O pai do Henrique também ajudava em tudo que podia. Certo dia, quando voltei do meu almoço e descanso de uma hora, notei que as enfermeiras estavam estranhas. Cochichavam e tudo me levava a crer que algo tinha acontecido.

No dia seguinte, fui chamada no posto médico da UTI pelo médico de plantão. Ele disse: "ontem seu marido teve uma grave discussão com uma das enfermeiras e não queremos que ele venha mais aqui. Vamos proibir a entrada dele na UTI."

Fiquei em pânico. Sabia que meu marido tinha um gênio difícil, mas amava o filho e por ele faria tudo que necessitasse. Ele deixou o trabalho dele em Campinas para ficar dia e noite nos ajudando, levava as roupas para lavar, trazia guloseimas para o meu armário, visando que eu comesse algo. Quando ficava com o Henrique, brincava e conversava com nosso filho, dando força e apoio. Seria muito difícil não ter essa ajuda.

Então, supliquei ao médico que ele pudesse ficar me ajudando e que, quando nessa uma hora ele estivesse lá, não fizessem nenhuma interação com ele. Se precisassem fazer alguma retirada de sangue ou outro procedimento que não fosse de urgência, que poderiam esperar eu voltar ou fazer antes que eu fosse almoçar.

E assim aconteceu, o médico concordou e seguimos em frente.

Foram longos 18 dias, choques cépticos, choques hemorrágicos, endoscopias de urgência, sangue, sangue e mais sangue.

Henrique colocava três bolsas de sangue de manhã e à noite já tinha que receber mais transfusões, pois a hemorragia era constante. Isso não era normal. O sangue dele era praticamente trocado a cada dia.

Os médicos me aconselhavam a usar as luvas, mas eu não queria, queria tocá-lo o tempo todo e não usei. Corri riscos, mas a prioridade era estar cuidando do Henrique. Máscara era imprescindível para todos que adentrassem ao seu quarto da UTI. Roupas de UTI e tudo mais.

Como a hemorragia não passava, realizavam colonoscopias, endoscopias, raio x, hemogramas, esses os prediletos, tiravam sangue a toda hora no cateter, mas às vezes tinha de ser direto da veia do meu bebê, ah, aí era um problema.

Em um desses dias, de tanta hemorragia, as plaquetas estavam baixas e tinham de fazer um exame de sangue periférico: furar o bebê de novo...

Fizeram a coleta e eu fiquei dando aquele apertozinho no furinho para estancar o sangue. E não parava de sair sangue... esguichava quando eu tirava o dedo de cima... mais sangue... horas sangrando por aquele simples buraquinho... Fiquei horrorizada... e nada de parar...

Sabe, demorou mais de três horas para que o pequeno buraquinho fechasse e parasse de sair sangue. As plaquetas eram baixas e o sangramento era muito extenso.

No final da tarde desse dia, Dr. Daniel veio nos visitar na UTI. Não era comum ele aparecer, mas as notícias eram diferentes. Como o sangramento não parava, não havia como trocar o sangue do bebê todos os dias. E a hemorragia tinha que parar.

Então, o Dr. Daniel me informou que tinham encontrado um medicamento da Austrália que poderia ser a diferença e curar a hemorragia do Henrique. Esse medicamento tinha apenas uma dose no Brasil e estava num hospital em São Paulo.

Ele continuou dizendo que já estavam trazendo essa medicação para o Henrique. Chegaria pela manhã. Agradeci novamente o empenho da equipe de transplantes e dele pessoalmente. Ao sair, eu usava uma frase e ele me imitou com um sorriso: "vamos em frente".

Pela manhã, chegou a tal dose. Era minúscula. E realmente fez a total diferença. O choque hemorrágico parou.

O BEBÊ QUE VENCEU A LEUCEMIA

Mas ocorriam vários tipos de choques, e eu acreditava que Henrique ia aguentar. Nessas ocasiões, eu subia na sua cama, segurava as mãozinhas do meu bebê de apenas 11 meses de idade dizia: "Filho, você precisa reagir, você vai passar isso e tudo dará certo; não desanime, seja forte..."

Era como um verdadeiro plantão médico da televisão. Vários médicos e enfermeiros em volta da cama na UTI e eu falando para o Henrique em choque que deveria se acalmar e respirar. Era uma cena muito forte.

Acredito hoje que ele me ouvia e a minha tranquilidade lhe dava a certeza de que eu estaria sempre a seu lado. Eu transmitia força ao meu bebê. Nunca o abandonei.

Depois de passado o choque, eu saia do quarto, eu me sentava no chão da UTI e chorava.

Normalmente, os acompanhantes dos pacientes não podem dormir na cama. Temos um sofá-cama ao lado do paciente. Com tanto tempo de transplante e de UTI, chegou um momento em que o Henrique não mais queria dormir sozinho na cama e me agarrava. Então, passamos a conversar com os médicos e Henrique passou a dormir no meu peito e na cama.

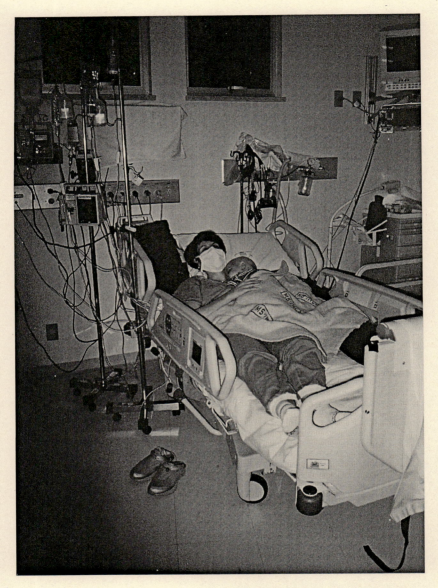

Era assim que a gente dormia...
se é que dá para dormir em um hospital...

O BEBÊ QUE VENCEU A LEUCEMIA

Os dias foram passando e o meu filho tinha horas melhores e piores, eu, às vezes, podia ajudar, às vezes, somente rezava.

Me lembro uma vez em um desses choques hemorrágicos que a Dr.ª Ermelinda, expert de UTI, via que a situação do Henrique era calamitosa, não havia mais o que injetar e ele não estava respondendo, mas, quando ela disse "vamos entubar", eu a brequei, pedindo mais alguns segundos.

Eu disse "ele vai responder... mais alguns segundos...", e ela, atendendo ao meu apelo, aguardou esses dois ou três segundos.

Eu sabia que, se fosse entubado, suas probabilidades de se curar eram remotas e quase inexistentes, então, tentava proteger meu pequeno o tempo todo. E naquele dia realmente tudo deu certo. A médica, após aquele episódio, quando tudo passou, disse: "Que alívio que tudo deu certo..." Eu agradeci e agradeço a Deus sempre por existirem médicos que têm o coração no trabalho que fazem.

Henrique teve quase de tudo que todos os pacientes adultos passam.

Noutra ocasião, quando estávamos passando pela doença enxerto versus hospedeiro, havia a necessidade de suspender a alimentação do pequeno bebê. Eu, que já havia visto meu filho com muitos dias de jejum, quando o vi retomar a amamentação, nossa, estava super alegre.

A doença enxerto versus hospedeiro (DECH) é uma das complicações do transplante. Ela acontece quando os linfócitos presentes na medula do doador passam a atacar as células do paciente. As principais terapias para controlar e curar essa reação são os corticoides e imunossupressores, que inibem o sistema imunológico, tentando que o corpo entenda que aquela é a nova fábrica do sangue.

A DECH aguda é comumente definida como uma doença que ocorre nos primeiros 100 dias após o transplante. Mas isso pode ocorrer a qualquer momento. Os sinais e sintomas geralmente envolvem a pele, o trato gastrointestinal e o fígado.

Entretanto, como houve uma interrupção na amamentação por mais de 20 dias, o meu bebê não tinha força suficiente para mamar no meu peito. Resolveu-se, então, que iriam buscar leite materno de outro hospital para suprir a necessidade, sendo oferecido com uma mamadeira, certa quantidade pequena. Agradeço por existirem mães que guardam o excesso do seu leite e doam a quem realmente precisa.

Porém, assim que apareceu a tal doença enxerto, o Dr. Vinicius, expert de UTI, juntamente com o pessoal do Cemo, decidiu que não iria fornecer o suplemento, esse leite das mãezinhas que chegava de ambulância quando era necessário. Eu, por outro lado, comecei a ver meu bebê chorando de fome! Aí, eu virei uma leoa... Ah, se virei.

Após algumas horas de sofrimento, vendo meu filho com fome, resolvi apelar: abri a porta do quarto de isolamento e fui até o posto médico, dizendo: "se vocês não mandarem leite para o Henrique, eu vou atravessar a praça e comprar uma lata de leite para ele".

Eu tinha que brigar. Não ia deixar meu filho morrer sofrendo e de fome. Por fim, após essa minha conversa nada cordial, eles mandaram... e meu pequeno bebeu... mas não por muito tempo.

Em poucas horas, a doença enxerto realmente se estabeleceu e ele parou de comer de novo.

Henrique ficou parecendo um tomate. Descamou inteiro. Estava tão vermelho e sua pele tão frágil que o simples tocar já a descamava.

Nós com um de nossos anjos... Enfermeira Leila, obrigada.

Não foi fácil ver isso. Quando eu achava que tudo ia melhorar, tudo recomeçava.

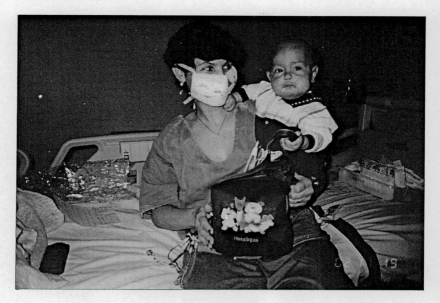

Preparativos para a tão esperada alta... Presente dos amigos enfermeiros da UTI.

"20.11.02: A tempestade passou... no dia 22 sairemos do hospital. É certo que você terá de usar máscara por aproximadamente 1 ano, mas esse é o menor dos problemas... Essa internação já dura 51 dias. É tempo demais... Seu tratamento é longo e delicado... seu rosto e corpo estão pintados por conta de uma tal "doença enxerto", mas isso é o de menos, passará logo..."

Saímos da internação no dia esperado, mas as medicações continuaram sendo muitas. Então, passamos ao tipo "*day* hospital", ficávamos de dia recebendo medicamentos no ambulatório e à noite dormíamos no hotel.

Não era muito, mas, puxa, que alívio sair um pouco. Mas durou bem pouco mesmo, pois, com dois dias após, já estávamos de novo com o risco de internar.

"29.11.02: Voltamos ao hospital ontem. Você teve sangramentos e não parava a febre há vários dias... Nos dias que passamos fora do hospital você passou mais mal do que bem...Você voltou a sorrir... Está comendo razoável... Espero que Deus esteja ao nosso lado nesta hora porque está sendo difícil... Estamos com você."

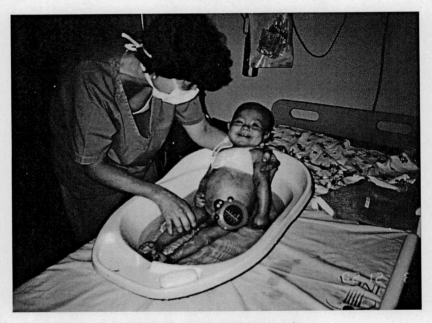

Mesmo nessa situação, olha a alegria do Henrique. Não era possível eu desanimar.

O BEBÊ QUE VENCEU A LEUCEMIA

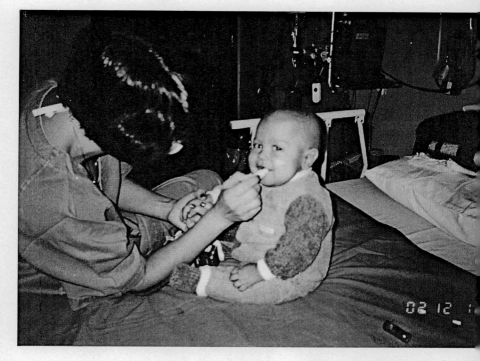

Olha, que bebê lindo...
Passando manteiga de cacau para
os lábios não racharem.

Quarenta e dois

O PRIMEIRO ANIVERSÁRIO DE SUA VIDA

Interessante como eu achava que tinha controle de tudo quando engravidei do Henrique. Tinha planejado, tudo seria normal. Para seu primeiro aniversário como um evento social grande, para o qual convidaria todos os amigos e parentes para comemorar. Faria tudo bem animado e com palhaços. Tinha certeza de que Henrique adoraria.

Eu iria contratar uma empresa, um bife infantil, convidar todos e animar a festa. Era isso que eu queria... porém nem tudo é como planejamos.

"10.12.02: Sábado próximo você completará 1 ano de idade; não sei onde estará, no hospital ou no hotel. Infelizmente não será em casa junto de nossos animais e conforto. Entretanto não podemos modificar essa situação, então vamos comemorar como pudermos... não está comendo há três dias...os médicos já não estão sabendo o que fazer... Isso me dá medo...Creio que Deus saiba o que está acontecendo porque já estou confusa... Adoro amamentar você. Isso é a melhor parte... Te amo filho."

Sem eu saber, em Campinas, minha irmã Vania planejava uma forma de realizar meu sonho de uma festa de palhaços para o Henrique. Mas eu estava internada com ele e sem previsão de alta. A situação piorava de novo, e eu, mesmo com fé, tinha que ver a realidade.

O BEBÊ QUE VENCEU A LEUCEMIA

No dia 13, fiquei sabendo que minha irmã, meu cunhado, os filhos, Marina e Vitor, e minha mãe, Esmeralda, iriam vir no dia do aniversário do Henrique tentar nos ver. Fiquei imensamente feliz por isso, mas, ao mesmo tempo, temia não poder vê-los novamente.

Mas, como a situação do pequeno não era nada boa, a médica naquela tarde de sexta-feira adentrou ao quarto dizendo que daria alta para o Henrique passar o aniversário. Paralisei!

Eu não estava acreditando nisso, achava um absurdo, afinal, o meu filho não tinha condições de ter alta. Apesar disso, a Dr.ª realmente nos liberou da internação, alegando que tudo estava bem e que era para aproveitarmos para curtir o primeiro aniversário do Henrique.

Então, no dia do aniversário, cedo, fomos ao hospital para tomar a medicação diária e, quando saímos perto das 13h00, nos encontramos no hotel com a minha família. Minha irmã Vania, então, me comunicou que tinha comprado todos os enfeites de palhaço que pode, havia trazido um bolo preparado por sua sogra, Enide, salgadinhos e briga- deiros. Enfim, Henrique teria uma festa.

Minha irmã também arrumou um local, um apartamento de uma pessoa da igreja que estava vazio, e naquele local comemoramos como pudemos.

Os esforços de todos para trazer um aniversário ao Henrique foram recompensados, pois, para mim, a festa mais feliz era estar- mos todos juntos fora do hospital. Para o Henrique, o importante não era nada disso, o melhor era ser amado por todos e sentir a força da corrente das orações que faziam por ele.

> "15.12.02: O seu aniversário ocorreu bem melhor do que eu esperava... ficamos felizes com você... teve sangramentos...brinca com seus brinquedos... somente mama em meu peito... Espero que tudo isso passe logo... Continuo tendo medo, mas crendo em Deus e com a certeza de que você será abençoado e tudo vai acabar bem..."

Inchado pelo uso de corticoides e com risco de morte, mas eu nunca desisti e sempre sorri com meu bebê no colo.

Quarenta e três

TER FÉ É ESSENCIAL, CONFIAR TAMBÉM

O que eu mais queria era ver meu filho lindo, crescendo e com saúde. Mas a realidade era muito diferente. Henrique estava inchado pelo uso de corticoides, mas estava magro, sem forças para reagir, não comia nada. Apesar de sorrir, tinha as marcas de uma "morte e sobrevida". Estava abatido, o tal citomegalovírus estava instalado e não mostrava que iria ser fácil acabar com ele.

Era uma luta incessante e diária contra um inimigo ou outro que parecia estar vencendo a cada dia. Exaustão era a palavra no momento. Rezar e esperar era a rota a ser seguida.

Para quem acreditava numa curta estada no hospital, já havia se passados mais de três meses.

O Natal foi no hospital, eu e Henrique. Nossa família em Campinas. Não foi fácil para mim. Aos meus 32 anos, era a primeira vez que passava uma data tão significativa sem a presença dos meus parentes.

Estava cansada e por várias vezes, quando ia almoçar e tomar banho no hotel, fazia o percurso "brigando com Deus", chorando muito e clamando por uma resolução, pois QUERIA MINHA VIDA DE VOLTA.

Uma ocasião, saia da internação para o almoço e, quando cheguei ao vestiário para tirar a roupa especial que vestia para estar lá, estava tão esgotada que me sentei e comecei a chorar. Por acaso, as médicas estavam entrando para se trocar e, ao me verem naquele estado, tentaram me consolar. Foi importante isso. Elas foram muito especiais naquela hora difícil.

"25.12.02: Hoje é Natal, você ainda está internado, passaremos dormindo neste ano... Você parece um pouco melhor... espero que saiamos do hospital até o ano novo... tudo passará... Feliz Natal. Que Jesus te ilumine!"

Os dias passaram... saímos do hospital no dia 30.12.02, após 89 dias de luta. Era inacreditável! Os cuidados ainda seriam diariamente indo ao hospital. Ficávamos lá o dia todo e voltávamos a noite para o hotel. Campinas continuava longe. Sem perspectivas, sem data para retorno.

Mas, como sempre, minha fé me mantinha com muita esperança. Quando fui para o Rio de Janeiro, passei por Aparecida do Norte e pedi à Nossa Senhora que nos protegesse, pedindo que ela intercedesse junto a Deus por nós. Em minhas preces, prometi que assim que retornasse do Rio de Janeiro para Campinas, com meu filho curado, cumpriria minha penitência. Entraria de joelhos e me prostraria diante de sua imagem na capela principal de Aparecida...

Não via a hora de tudo terminar.

O BEBÊ QUE VENCEU A LEUCEMIA

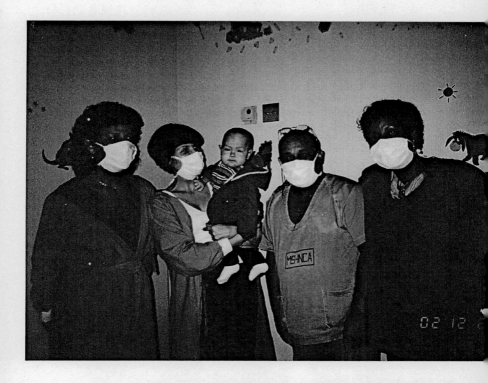

Alguns de nossos amorosos cuidadores... Obrigada!

Quarenta e quatro

FINALMENTE...
OU QUASE?

Ano Novo...
Vida nova!.

Antes de tudo melhorar, tivemos alguns acontecimentos marcantes.

Para que eu pudesse ficar com o bebê no hotel e fazer o trajeto do hospital diariamente, as avós vieram e se revezavam quinzenalmente para ficar comigo.

O pai do Henrique precisava voltar ao trabalho. Tudo começava a se resolver e o mês de janeiro de 2003 transcorreu com, somente, alguns percalços.

Num deles, o catéter teve de ser literalmente "amarrado" no peito do Henrique, após ter enganchado na cadeira de medicação. Ai, que medo!

Tivemos que amarrar com vários fios próprios e existem marcas dessa amarração até hoje. Mas ele não caiu e aguentou até o último dia da medicação. Mas foi um perrengue que só!

A cada saída do centro cirúrgico era a frase predileta dos enfermeiros e médicos: "Eta, cateterzinho difícil".

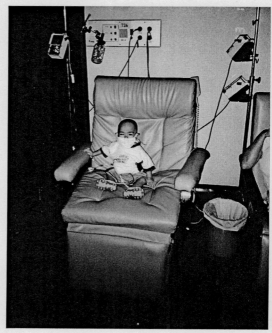

O pequeno bebê de um ano tomava as medicações do "*Day* hospital" assim.

"27.01.03: Foi o primeiro final de semana que você não precisou ir ao hospital desde o transplante... Se Deus quiser logo você recuperará o peso que perdeu. Te amo."

A alta está perto... Vovó Esmeralda e eu vamos passear então.

"04.02.03: Hoje recebemos uma ótima notícia: Podemos ir para casa amanhã... Seus remédios pelo catéter foram suspensos e você não toma transfusão de sangue e plaquetas... acabaram os sangramentos... A sua doença foi embora... estou muito feliz por irmos embora..."

Fomos embora naquele dia marcado e, quando passei pela Rodovia Dutra e vi a placa de divisa de estados, finalmente chorei de alegria. Passamos em Aparecida do Norte somente após alguns meses, pois tive medo de cumprir minha penitência e o meu filho ter contato com alguma bactéria ou vírus em razão da quantidade de pessoas que sempre visitam Nossa Senhora.

O BEBÊ QUE VENCEU A LEUCEMIA

Nesse ponto do tratamento, tínhamos que ir semana sim, semana não para o Rio de Janeiro:

> "10.02.03: [...] já estamos de volta ao Rio de Janeiro e hoje já fizemos seus exames...
>
> 15.02.03: [...] hoje estamos em casa, chegamos na 4ª feira à noite e vamos embora no domingo..."

Era um verdadeiro vai e vem. A viagem de 7 horas parecia ser até menor em alguns dias, pois, feita quase semanalmente, tudo a gente se acostuma. Henrique nem sempre gostava de tantas horas de viagem, ficava irritado e as avós que se revezavam em me acompanhar faziam micagens, agitavam brinquedos e histórias para tentar entreter o pequeno. A estrada de volta sempre parecia mais longa.

Nas idas aos domingos, até parecia que íamos fazer um passeio. O pai do Henrique ia junto e parávamos para almoçar. Mas com toda essa movimentação, passei a ir sozinha ou com a companhia dos avós maternos do Henrique.

Eu, sempre dirigia o carro, e o Henrique, que ainda mamava, acreditem, meu leite o alimentava muito nessa época, tinha de parar o carro por conta do choro dele. Aquele cateterzinho amarrado somente foi retirado quando não mais podia ser segurado. Com a benção de Deus, no momento certo, como sempre.

> "24.02.03: Você está sem catéter desde 4ª feira passada. Realmente estava começando uma infecção. Mas conseguimos mantê-lo tempo além do esperado... Hoje você tomou medicação direto na veia. Chorou bastante e depois dormiu... Você está quase se soltando quando fica em pé, voltou a bater palmas e continua com um ótimo humor... deu uma mordida na perna da mamãe... Sua recuperação é um milagre porque tudo por aqui é muito difícil..."

Durante o tratamento todo, existiram momentos de muita dificuldade, muita apreensão e risco de vida. Eu sei que foi essencial a minha presença constante e ininterrupta ao lado do pequeno.

Nesse mês de fevereiro de 2023, encontrei a médica que havia estado conosco no dia em que comemoramos o primeiro aniversário do Henrique, e ela, ao nos ver no corredor da internação, disse: "Naquele dia em que recebemos alta para o Henrique, sabíamos que não tínhamos certeza se ele viveria para ver o próximo aniversário. Foi por isso que decidimos oferecer a oportunidade para vocês ficarem juntos."

Eu tinha a certeza de que o Henrique estava ruim naquele dia, mas não achava que era tanto. Eu sempre acreditei na vitória. Agradeci à médica que, mais uma vez, provou que a medicina e o respeito ao próximo podem ser companheiras.

Eu gostaria de constar que o pessoal do Cemo é especial, eles sempre pensavam no bem-estar do paciente e uma forma de amenizar a dor dos familiares o quanto pudessem. Eles são maravilhosos!

A minha força e fé foram transmitidas ao Henrique, que jamais deixou de retribuir com seus sorrisos e garra para vencer a leucemia e sobreviver ao transplante de medula.

Durante a nossas idas e vindas, eu tentava manter uma "vida normal", sempre salientando as traquinagens e a recuperação do meu filho.

O BEBÊ QUE VENCEU A LEUCEMIA

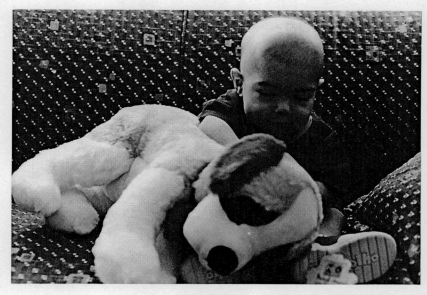

Henrique em casa brincando com o cão que a Fedex lhe presenteou.

Meu bebê não precisou de máscara por um ano, como eu achava inicialmente, foram somente três meses e dentro do hospital por seis meses. Também não pode engatinhar ou brincar na terra até os três anos. Houve diversas atividades e restrições, mas nossa vida era muito regrada e não sofri por isso.

> "19.03.03: Estamos em casa, aliás trabalhando... Você é uma criança muito especial... ganhou peso: 7900Kg... parece totalmente recuperado... parou de usar máscara essa semana... Eu te amo filho!"

No final de março, tivemos a oportunidade de apresentar o Henrique no Congresso da Associação Brasileira de Linfoma e Leucemia (Abrale), como o primeiro bebê a sobreviver ao transplante de medula óssea utilizando sangue de cordão umbilical no Brasil.

No tipo de leucemia que Henrique teve também era o primeiro a chegar ao transplante. O primeiro em quase tudo. Que carga pesada, não é mesmo?

"29.03.03: Voltamos ontem de viagem... Você está bem...Ontem foi a um Congresso e foi apresentado como o 1º transplante de cordão no Brasil no tipo de leucemia que você tinha... Foi gostoso porque é uma vitória...Continua sorrindo e está andando de lá para cá com seu andador... Adora seus cães... Nossa vida vai tomar o curso normal..."

Seus brinquedos eram todos desinfetados, esterilizados e toda casa era muito limpa. Não havia espaço para o risco de bactérias. Para evitar os vírus, especialmente os das campanhas de vacinação, não saímos com ele nesses dias. Assim, nunca expunha meu bebê ao que causasse qualquer risco, por menor que fosse.

Somente após um ano é que pode voltar a ter consultas com sua pediatra Dr.ª Regina Léo. Uma conquista.

"02.04.03: Hoje você voltou a ser consultado pela sua pediatra Dra. Regina Léo. As funcionárias do consultório até choraram ao vê-lo... está com pouco apetite... seu peso é 8.270 gramas, mas seu cumprimento ainda é 70 cm..."

Como poderia crescer sendo um tratamento tão difícil? Na verdade, ficou com o mesmo tamanho por mais de um ano. Mas estava vivo!

No chão nem pensar... Havia riscos, mas no andador era uma bagunça.

O BEBÊ QUE VENCEU A LEUCEMIA

Retornamos ao Rio de Janeiro ainda várias vezes quinzenalmente e depois da metade de abril, mensalmente até o oitavo mês de gravidez da minha Larissa. Após isso, os controles no Rio de Janeiro passaram a ser anuais.

Minha segunda gravidez foi resultado daquela promessa que fiz lá no começo do tratamento do Henrique.

Após muito tempo... Uma foto de criança!

Como ainda tínhamos mais uma cirurgia para fazer, afinal, a colostomia estava em meu bebê ainda, tudo foi acertado com Dr. Marcio Miranda e Dr. Antoninho. Eu estava com a gravidez de 4 para 5 meses, mas isso não impediu que eu estivesse com ele durante a estada na UTI.

Os médicos não mediram esforços para fazer sua cirurgia e tudo correu bem. A alegria deles foi muito grande em poder receber Henrique após quase um ano.

"20.08.03: Sua cirurgia foi ontem e você está bem. Ainda não pode comer... Você é realmente surpreendente: até nestas ocasiões mantém o bom humor; brinca com as enfermeiras e aguarda seu destino com serenidade. Você é uma benção de Deus cada dia aprendemos a viver melhor e com mais intensidade. Te adoro, filho!"

Visando evitar qualquer tipo de infecção, ficamos na UTI após a cirurgia. Durante a segunda noite, houve a mudança do plantão, e a médica que assumiu a UTI chegou para ver o Henrique.

Já de início, a médica perguntou, vendo o prontuário, porque o Henrique estava na UTI, sendo que não era um caso grave. Então, eu lhe expliquei o "caso do Henrique" e o porquê de ele ter esse tratamento tão zeloso.

Num dado momento da explicação, quando eu lhe contava da infecção base quando se tratava a leucemia, quando eu pronunciei "Síndrome de Fournier", a médica mudou de feição extasiada. Pediu que eu parasse e perguntou: "O que ele teve? Síndrome de Fournier? Impossível!"

Nisso, eu, grávida de seis meses, confirmei minha informação. Ela, incrédula, ouvia a explicação e me questionava a todo momento. Expliquei, então, que, pelo site do Boldrini, a equipe médica havia fotografado o estado em que o meu filho havia ficado, e ela pediu licença para ir consultar o site, pois não acreditava.

Após algumas horas, voltou ela e me disse: "Valéria, isso é verdade mesmo. Mas eu vou ter que mudar minha tese. Eu coloquei que nenhuma pessoa tinha sobrevivido à Síndrome de Fournier na América Latina. Mas agora temos o Henrique."

Novamente, uma surpresa e mais uma superação.

Daí para frente, tudo começou a melhorar... Nossas idas e vindas ao Rio de Janeiro passaram a fazer parte de nosso dia a dia. A cada nova conquista, vitórias comemoradas por mim como um jogo de Copa do Mundo. Meu filho havia sobrevivido! O milagre de sua vida se consumara e tudo agora seriam flores.

Quarenta e cinco

E COMO ESTAMOS ATUALMENTE?

Henrique é um privilegiado, tem dois aniversários: 10 de outubro e 14 de dezembro. Assim, até o seu 10ª aniversário sempre comemorávamos as duas datas para relembrar a benção que tive em minha vida.

Aniversário de um ano de transplante. VITÓRIA!

O acompanhamento de médicos nas diversas áreas: endocrinologistas, pediatra, cardiologista, oftalmologista, otorrinolaringologista, gastroenterologista, nutricionista, cirurgiã plástica e outros são efetivados atualmente em Campinas, onde moramos.

Anualmente, íamos para o Inca para fazermos o acompanhamento e exames, visto ser o Henrique o primeiro bebê a sobreviver a um transplante de medula óssea. Ele também por muito tempo foi o único a sobreviver no tipo de leucemia que teve, a tal LMA M7. O primeiro significa muito, pois toda a história é escrita a partir disso.

A primeira vez na piscina.

O BEBÊ QUE VENCEU A LEUCEMIA

Passados 22 anos, fico a perguntar por vezes o porquê eu recebi essa recompensa tão grande: ESSE MILAGRE. Costumo brincar com as pessoas ao meu redor, dizendo que já ganhei na Mega Sena!

Conto a todos uma pequena piada criada por mim:

"Certo dia, no auge da doença do meu filho, Deus acordou no meio da noite com muitas orações e muita gente clamando pela vida do Henrique. Chamou São Pedro e perguntou: em que lista está esse menino Henrique? Na lista dos que vão viver uma vida longa ou na lista dos que vão morrer logo? Aí, São Pedro responde: na lista dos que vão morrer logo. Deus então determinou: 'Muda ele de lista que eu quero dormir!'"

Esse milagre ocorreu assim...

Tenho certeza de que Henrique ensinou valiosas lições a muitas pessoas. A experiência de todos os profissionais da medicina que o acompanharam proporcionou aprendizados que eles jamais imaginaram. Eu mesma aprendi muito e digo isso com toda a sinceridade do meu coração.

Assim que passamos a voltar para o Rio de Janeiro uma vez por mês, já engravidei de minha linda Larissa. Essa irmã é muito importante para nossa vida normal. Também não poderia deixar de cumprir minhas promessas. Sem a Larissa, Henrique seria praticamente um "E.T.", pois seus cuidados são especiais até hoje.

VALÉRIA RODRIGUES

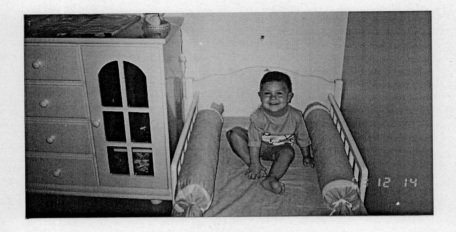

A vinda da irmã trouxe a primeira caminha. Eles sempre foram muito próximos. Parceiros. Henrique é uma criança muito amorosa.

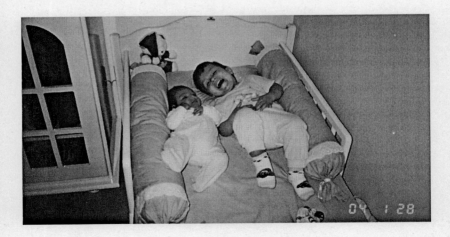

O pai do Henrique não mais está conosco, nos separamos quando o nosso Henrique tinha quatro anos e nossa Larissa com dois anos e isso não teve nenhum reflexo negativo na vida deles. Hoje, posso garantir, meus filhos são pessoas maravilhosas e dignas.

Na minha vida, o reflexo foi bem grande, tive de assumir duas crianças e um grande risco diário, uma vez que Henrique sempre inspirará cuidados. Sua irmã, por conta disso, também teve inúmeras restrições até hoje em dia.

Até hoje permaneço em contato com a Dr.ª Rita Tavares, do CEMO, que nos ajuda sempre que precisamos tomar alguma decisão médica sobre o Henrique. Obrigada por nos auxiliar sempre!

Mas, sempre amparada por Deus, sigo nosso caminho. Sinto-me mais que realizada ao ver meu filho simplesmente VIVO!

A cada novo dia, um ou outros leões a matar e comer... mas VENCEMOS, COM CERTEZA!

Obrigada, Deus.

Crescendo juntos.

Fotos para a revista onde foi modelo de roupas infantis.

Clube do coração.

Nossa vida sempre juntos. Minha prioridade são meus filhos.

Dia das Mães no ano de 2023. Gratidão!
Fim.